Ein Garten für das 21. Jahrhundert | A 21st Century Garden

„MEIN GARTEN: ICH MÖCHTE IN BLUMEN ERTRINKEN"
'DROWNING IN FLOWERS: MY GARDEN'

'I NEVER WANTED A GARDEN.'

'MY GARDEN HAPPENS TO ME.'

"MEIN GARTEN GESCHIEHT MIR."

'AND IT TEACHES ME THAT WHAT I TELL THE STUDENTS IS TRUE.'

„UND ER LEHRT MICH, DASS ES STIMMT, WAS ICH DEN STUDENTEN ERZÄHLE."

„DER GARTEN DES BOTANIKPROFESSORS,
WIE SOLL MAN DA MITHALTEN?"

'THE BOTANIST'S GARDEN – A TOUGH ACT TO FOLLOW?'

„PFLANZEN SIND HILFSBEREIT, MAN MUSS SIE NUR ZULASSEN."

'PLANTS ARE HELPFUL, YOU JUST HAVE TO ALLOW THEM IN.'

„GEHEN SIE MIT MIR DURCH MEINEN GARTEN IN DEN JAHRESZEITEN, DIE DER GARTEN VORGIBT."

'STROLL WITH ME THROUGH MY GARDEN IN THE SEASONS IT HOLDS OUT FOR US.'

DIE ENDGÜ
LESUNG: ME
BARES GAR
THE ULTIMA
MY MOST V
YEAR IN TH

ETIGE VOR
IN WUNDER
TENJAHR |
E LECTURE:
VONDERFUL
E GARDEN

Ein Garten für das 21. Jahrhundert | A 21st Century Garden

DER GARTEN | THE GARDEN

Ort: Königstetten in Niederösterreich
Region: UNESCO-Biosphärenpark Wienerwald
Topografie: Wienerwald – Nordabdachung
Gestein und Boden: Flysch, Lössanwehungen, Ausedimente,
　　　　　　　　　kalkarme Braunerden, Feucht-Schwarzerden
Klima: subkontinental
Lufttemperatur: ungefähr 10 Grad Celsius im Jahresmittel
Niederschlag: ungefähr 600 mm im Jahresmittel
Potenzielle Vegetation: Auenkomplexe, Buchen- und Eichenwälder
Landnutzung: Ackerbau, Weinbau, Wiesen, Siedlungen
Größe des Gartens: 1 200 Quadratmeter

Location: Königstetten in Lower Austria
Region: UNESCO Biosphere Reserve Wienerwald
Topography: Vienna Woods – northern declivity
Bedrock and soil: flysch, aeolian loess accumulation, riparian sediments, Cambisols low in lime,
　　　　　　　　　deep humus-rich soil, emerged from a humid location
Climate: subcontinental
Air temperature: about 10 degrees centigrade annual mean
Precipitation: about 600 mm annual mean
Potential vegetation: riparian complexes; beech forest, oak forest
Land use: field crops, wine-growing, meadows, settlements
Size of the garden: 1 200 square metres

Unser Garten in Königstetten bei Wien im Biosphärenpark Wienerwald
Our garden in Königstetten near Vienna in Wienerwald Biosphere Reserve

BEDEUTUNG UND BENUTZUNG

EIN PRACHTBAND ÜBER EINEN GARTEN VON GANZ „NORMALEN" DIMENSIONEN zu machen, ist ein Wagnis. Nicht die großen berühmten Parks und Schaugärten sind es, um die es hier geht, sondern um einen Hausgarten. Es stellt sich die Frage: Können die abertausenden privaten Gärten zum Erhalt der Biodiversität beitragen, sind sie Archen für die Rettung gefährdeter Arten? Ja, darum geht es auch. Wir, Lois Lammerhuber, meine Frau Traudl und ich, sehen in der Natur in unserem Garten aber weit mehr: Bewusstes Akzeptieren und Nutzen des „Wilden", des Spontanen. Da geht es nicht um Verwildern-Lassen, sondern um Zwiesprache-Halten und wissende Gestaltung. Betrachten Sie das Bild der Tithonie auf den Seiten 230/231. Erst der wilde Knöterich hebt es auf das Niveau eines Kunstwerks. Wird das verstanden, ist viel getan. Und genau darauf zielt das Buch ab. Mit „Willst Du ein Schiff bauen, so lehre deinen Leuten die Sehnsucht nach dem Meer" sei die passende chinesische Weisheit strapaziert. Aber genau darum geht es: Sehnsucht pflanzen, das will das Buch. Sehnsucht nach dem Schönen, dem Harmonischen, nach Freude an Erkenntnis durch Kenntnis.

Welche Kenntnis? Dieses Buch soll dazu anregen, Kraut und Unkraut im Garten auf Artniveau – oder soweit der Fleiß eben reicht – benennen zu können. Deutsche Namen mögen genügen, wissenschaftliche werden erwähnt für all jene, die der Ehrgeiz gepackt hat. Die Kenntnis von Arten und Sorten ist kein Selbstzweck. Die unterschiedlichen Sippen sind die Vokabeln der Natur. Wer sie lernt, versteht ihre Sprache. Wer sich die Mühe macht, „seine" Pflanzen (und Tiere) kennenzulernen, wird eine Beziehung zu ihnen finden, die glücklich macht. Unser Nachbar erklärte mir eines Tages, dass ich die Pflanzen – im Gegensatz zu ihm – schon im Keimlings- und Jugendstadium kennen würde und daher wisse, was daraus werde. Darum könne ich sie auch stehen lassen – genau das ist der Punkt.

Zu den Texten und Bezeichnungen: Wir haben beim Texten versucht, unterhaltend und informativ zu sein. Die Fotografien sprechen sowieso für sich und sollen klarstellen, wie dieser Dialog mit der Natur erfolgen kann. Mit den Pflanzennamen, besonders jener der Sorten, hatten wir große Probleme. Oft kannten wir die Sorte nicht, da ich in der Vergangenheit den Sortennamen keine Bedeutung beigemessen habe. Die „Notlösung" sieht dann so aus, dass wir uns auf die Nennung des Gattungs- oder Artnamen beschränkt haben: zum Beispiel Tulpe Gartensorte | Tulip cultivar | *Tulipa* cultivar. Bei Kenntnis der Sorte ist der korrekte Name angegeben.

Das Buch ist sehr persönlich. Für mich ist es zugleich Freude und Erlösung von den manchmal allzu engen Zwängen der Wissenschaft. Es ist ein Buch zum Naschen.

> **Können die privaten Gärten Archen für die Rettung gefährdeter Arten sein?**

WHAT IT IS AND HOW TO USE IT

PUBLISHING A COFFEE TABLE BOOK ABOUT A GARDEN OF 'NORMAL' DIMENSIONS is a risk. This book is not about the large, famous parks and show gardens but about a domestic garden. It asks whether the thousands of private gardens can contribute to maintaining biodiversity, whether they are Noah's Arks, suitable for rescuing threatened species. Yes, it is partly about that, but there is much more that we, Lois Lammerhuber, my wife Traudl and I, see in the nature in our garden: thoughtfully accepting and using what is 'wild' and spontaneous. This is not the same as letting things grow wild. Rather, it is about entering into a dialogue and designing with awareness. Look at the tithonia pictured on page 230/231. It is the wild knotweed that lifts the photograph into a work of art. Much is achieved once this is understood. And that is what the book aims for. Let me quote a fitting, well-known Chinese saying, 'If you want to build a boat, teach your people the longing for the sea.' It captures the exact purpose of this book: to plant a longing. A longing for beauty, harmony, for the joy of recognition through knowledge.

What kind of knowledge? This book wants to instill in its readers the desire for being able to address herbaceous plants and weeds in the garden at species level or however far their diligence will take them. Common names may suffice, botanic names are mentioned for the more ambitious. Knowing species and varieties is not an end in itself. The different families are nature's vocabulary. Whoever learns them understands their language. If you make the effort to get to know 'your' plants (and animals), you will build up a happy relationship with them. Our neighbour explained to me one day that, unlike him, I would recognize the plants from earliest seedling state and thus know what they would turn into. And that for this reason I were also able to let them be – and this is precisely what it is all about.

Texts and names: in our texts, we have aimed to be both entertaining and informative. The photographs obviously speak for themselves and should make clear how this dialogue with nature might work. Plant names, especially those of varieties, presented us with great problems. Often we did not know the variety because in the past this seemed unimportant to me. Our 'emergency solution' has been to stick to the name of the family or species, e.g. Tulpe Gartensorte | Tulip cultivar | *Tulipa* cultivar. Where we know the variety, we have given its correct name.

This is a very personal book. For me, it is a joy and at the same time a release from the sometimes all too narrow restraints of science. It is a book of small delicacies – enjoy.

> Can a private garden be an ark for rescuing threatened species?

"MEIN GARTEN: ICH MÖCH[TE]
'DROWNING IN FLO[WERS]

GEORG GRABHERR
Botaniker, Vegetationsökologe
Botanist, Vegetation Ecologist
TRAUDL GRABHERR
Botanikerin | Botanist

LOIS LAMMERHUBER
Fotograf | Photographer

BIOSPHÄRENPARKS
BIOSPHERE RESERVES

MIT DIESEM PROJEKT soll anhand eines Modellgartens dokumentiert werden, welchen enormen Beitrag Biosphärenparks zur Erhaltung der Biodiversität von Wildpflanzen, aber auch jener von Kultursorten leisten können. Nach dem Konzept der UNESCO sind Biosphärenparks Vorzeigeregionen nachhaltiger Naturnutzung und Lebensweise. Die „Kernzonen" markieren Wildnisgebiete, die als Exempel natürlicher Entwicklung der Wissenschaft, der Erholung und Bildung dienen sollen. Der Vorbildcharakter ist auch wesentliches Element der „Pufferzone". Dabei stehen die Erhaltung traditioneller Nutzungsformen und deren Schutzgüter bewahrende Wirkung im Vordergrund.

Ein zweites großes Thema in der Bewahrungs- oder Pufferzone sind die Gärten, oder besser: Sie sollten es sein. Bislang vernachlässigt, soll nun in einem ersten Schritt, mit einer kraftvollen Dokumentation eines naturbetonten Gartens im Biosphärenpark Wienerwald, das Thema „Garten im Biosphärenpark" aktualisiert und thematisiert werden. Das weltumspannende Netz der inzwischen weit über 500 Biosphärenparks bietet eine einmalige Plattform, naturbetonte Gartenkultur zu transportieren. Gärten sind auch Thema der dritten Zone, der Entwicklungszone. Dort sollen nachhaltige, umwelttaugliche und sozioökonomisch wirkungsvolle Wirtschaftsmodelle und Landnutzungsweisen entwickelt werden. Das gilt auch für Gärten, bei denen der Nutzaspekt im Vordergrund steht. Das Gartenthema ist für beide Zonen relevant.

BY DOCUMENTING A MODEL GARDEN, this project aims to demonstrate the enormous contribution of biosphere reserves to preserving the biodiversity of wild as well as cultivated plants. The UNESCO concept envisages biosphere reserves as model regions of sustainable use of nature and sustainable living. The core zones mark out wilderness areas, i.e. examples of natural development that may serve science and education while also providing recreation. The model character continues as an essential element of the buffer zone, which focuses on traditional forms of land use and their conservation effect.

Another major theme for the preservation or buffer zone are, or rather, should be, the gardens. Neglected until now, this powerful documentation of a garden that emphasizes nature should act as a first step towards putting 'gardens in the biosphere reserve' on the agenda. The global network of by now more than 500 biosphere reserves offers a unique platform for disseminating a culture of gardening with nature in mind. The garden theme reaches into the third zone, i.e. the development zone. This is where sustainable, environment-adapted, socio-economically effective economic models and forms of land use should be developed. This is also true of kitchen and market gardens. The garden theme is relevant for both zones.

Inhaltsverzeichnis | Table of contents

Dankeschön	32	Thank you
Ich wollte eigentlich nie einen Garten	38	I never really wanted a garden
Die vier Jahreszeiten	42	The four seasons
Curriculum Vitae	50	Curriculum Vitae
Der Garten des Professors – Lage und Ökologie	52	The professor's garden – aspect and ecology
Ein Garten für das 21. Jahrhundert	Dialog mit der Natur	56	Dialogue with nature	A 21st Century Garden
Phänologie: die 12 Jahreszeiten des Gartens	62	Phenology: the 12 seasons of the garden
Spätwinter	64	Late winter
5. März	Spätwinter	68	Late winter	5 March
Vorfrühling	72	Early spring
20. März	Vorfrühling	78	Early spring	20 March
30. März	Vorfrühling	86	Early spring	30 March
Geophyten	Exkurs 1	96	Excursus 1	Geophytes
Erstfrühling	100	Mid-spring
3. April	Erstfrühling	104	Mid-spring	3 April
10. April	Erstfrühling	112	Mid-spring	10 April
Blühzeiten	Exkurs 2	124	Excursus 2	Flowering times
Vollfrühling	128	High spring
23. April	Vollfrühling	132	High spring	23 April
3. Mai	Vollfrühling	144	High spring	3 May
7. Mai	Vollfrühling	160	High spring	7 May
Blätter	Exkurs 3	168	Excursus 3	Leaves
Spätfrühling	172	Late spring
29. Mai	Spätfrühling	176	Late spring	29 May
Unkraut	Exkurs 4	188	Excursus 4	Weeds
Frühsommer	192	Early summer
11. Juni	Frühsommer	198	Early summer	11 June
9. Juli	Frühsommer	208	Early summer	9 July
Pflanzengesellschaften	Exkurs 5	220	Excursus 5	Plant communities
Hochsommer	224	Midsummer
23. Juli	Hochsommer	228	Midsummer	23 July
16. August	Hochsommer	240	Midsummer	16 August
Schädlinge	Exkurs 6	250	Excursus 6	Pests
Spätsommer	254	Late summer
12. September	Spätsommer	258	Late summer	12 September
Die gelben Amerikaner	Exkurs 7	268	Excursus 7	Yellow Yankees
Frühherbst	272	Early autumn
1. Oktober	Frühherbst	276	Early autumn	1 October
Herbst	290	Autumn
18. Oktober	Herbst	294	Autumn	18 October
Laubfall	Exkurs 8	300	Excursus 8	Leaf fall
Spätherbst	304	Late autumn
1. November	Spätherbst	306	Late autumn	1 November
Klimawandel	Exkurs 9	314	Excursus 9	Climate change
Winter	318	Winter
8. Februar	Winter	322	Winter	8 February
Nacht im Garten	Exkurs 10	332	Excursus 10	Night in the garden

Mein Garten | My garden

DANKESCHÖN
THANK YOU

DEM ÖSTERREICHISCHEN NATIONALKOMITEE zur Umsetzung des UNESCO-Forschungsprogrammes „Der Mensch und die Biosphäre" (MAB) der Österreichischen Akademie der Wissenschaften ist es seit Jahren ein Anliegen, attraktive Information mit Breitenwirkung anzubieten. Mit einem Garten für das 21. Jahrhundert, dem Jahrhundert der großen ökologischen Herausforderungen, belegt hier Universitätsprofessor Georg Grabherr, einer der führenden Gebirgsforscher und Naturschutzexperten und Vorsitzender des MAB-Nationalkomitees, zusammen mit dem österreichischen Fotografen Lois Lammerhuber, dass ein Garten vielen Zwecken dienen kann. Vor allem als faszinierendes tägliches Lehrstück über Natur und Nutzungskultur. Die Spitzenfotografie Lammerhubers und die Texte Grabherrs vermitteln ein Bild vom Garten als Symbiose zwischen Natur und gärtnerischer Gestaltung, ein Ziel, das in jedem Garten umsetzbar ist.

FOR YEARS, THE AUSTRIAN NATIONAL COMMITTEE for the implementation of the UNESCO research programme 'Man and the Biosphere' (MAB) at the Austrian Academy of Sciences has endeavoured to disseminate attractive information to a wider audience. With a garden for the 21st century, a century of immense ecologic challenges, university don Georg Grabherr, a leading mountain researcher, conservation expert and chairman of the MAB National Committee, together with Austrian photographer Lois Lammerhuber, demonstrates that a garden can have many uses, not least as a fascinating lesson in nature and land use culture, anew each day. In Lammerhuber's exceptional photography and Grabherr's texts, the garden comes across as a symbiosis of nature and gardening design, something to aim for and achieve in any garden.

Die Autoren danken für die maßgebliche Unterstützung des Projektes:
The authors gratefully acknowledge essential support for this project from:

Land Niederösterreich
Niederösterreichische Landwirtschaftskammer

illwerke vkw
UNESCO - MAB Österreich

Land Vorarlberg

Anlässlich des 65. Geburtstages von Georg Grabherr hat sich der nachfolgend genannte Kreis von Persönlichkeiten dazu entschlossen, dieses Buch durch den Erwerb von nummerierten und signierten Vorzugsausgaben zu unterstützen. | On the occasion of Georg Grabherr's 65th birthday, the group of personages named below resolved to support this book by buying copies of the limited and signed special edition.

Jasmine Bachmann
Axel Borsdorf
Marianne Borsdorf
Mario F. Broggi
Helmut Denk
Thomas Dirnböck
Stefan Dullinger
Brigitta Erschbamer
Franz Essl
Thomas Fickert
Thomas Frank
Walther Gastinger
Barbara-Amina Gereben-Krenn
Christian Ginzler
Michael Gottfried
Johann Greilhuber
Josef Greimler
Friederike Grüninger
Verena Haudek-Prinz und Martin Prinz
Sonja Hartl
Michael Hauser
Cora K. Hiebinger
Walter Hödl
Andrea Hofstätter
Werner Huber
IGF, Arbeitsgruppe Innsbruck
Andreas Januskovecz/MA49
Monika und Michael Kiehn
Christian Klettner
Gerfried Koch
Günter Köck
Ingo Korner
Sonya Laimer
Andrea Lamprecht
Christian Lang
Carl Manzano
Naturschutzbund Niederösterreich
Sophie Nießner
Harald Niklfeld
Renate und Jörg Ott
Harald Pauli
Eugen Rott
Stefan Schindler
Jürg Schönenberger
Beatrice und Frank Schumacher
Werner Stark
Erich Szerencsits
Lisbeth Triska
Karin Vetschera
Rainer Vierlinger
Wolfgang Waitzbauer
Anton Weissenhofer
Kristina Wohlmuth
Thomas Wrbka
Harald Zechmeister
Kurt Zukrigl

Herbst-Anemone | *Anemone* | *Anemone* cultivar

ICH WOLLTE EIGENTLICH NIE EINEN GARTEN

ALS PROFESSOR FÜR VEGETATIONSÖKOLOGIE an der Universität Wien hatte ich das Privileg, in Forschung und Lehre die Pflanzenwelt in all ihrer Vielfalt kennenzulernen. Zu meiner Spezialisierung auf die Hochgebirge und dem Aufbau eines globalen Beobachtungsnetzwerks der Pflanzen an den Kältegrenzen des Lebens, kamen die für unsere Branche üblichen essenziellen Exkursionen und Forschungsreisen. Es sind natürlich dieser Hintergrund und Erfahrungsschatz, die meine Sicht der Natur prägen. Und trotzdem: Erst seit ich meinen Garten habe, bin ich mir wirklich sicher, dass alles stimmt, was ich meinen Studenten erzähle.

Biologie ist heute weit in die Chemie der Lebensprozesse und deren Steuerung vorgedrungen. Der Blick klärt sich und wird schärfer. Der Mythos Leben verblasst zusehends und weicht einer Bewunderung der realen molekularen Strukturen und ihrer funktionalen Verknüpfungen. Die Möglichkeiten zur gezielten Manipulation nehmen zu und reizen, das ökonomische Potenzial zu nutzen. Ich muss allerdings gestehen, dass moderne molekularbiologische Texte auch für mich oft genug eine Geheimschrift sind. Als Ökologe, der die Vegetationsmuster analysiert und verstehen will, ist die molekulare Erklärungsebene meist nicht das primäre Ziel. Andererseits verdankt die Ökologie molekularbiologischen Methoden spektakuläre neue Erkenntnisse, zum Beispiel darüber, wie Alpenpflanzen über tausende Kilometer durch Zugvögel verbreitet wurden, oder den Nachweis, dass klonale Populationen, etwa von Heidelbeere, Silberwurz und der alpine Urwiesen bildenden Krummsegge, hunderte, im Extrem bis zu 5 000 Jahre alt werden. Wie wird wohl mein Garten in über 1 000 Jahren aussehen? Auch der härteste Naturwissenschafter stößt hier an Grenzen. Es hilft nichts, wir werden nicht so alt wie Schilfklone, die es auf bis zu 7 000 Jahre bringen.

Nach 40 Jahren Lehrtätigkeit überrasche ich Studenten und Zuhörer gerne mit Weisheiten, zum Beispiel, warum sich etwa bei Düngung sechs Blätter statt nur vier bilden können, ich unseren Hund Bruno aber noch so gut füttern kann, ihm wächst trotzdem kein zweites Ohrenpaar. Der Garten ist schuld. Hunderte Schnecken im Morgentau, Wühlmäuse, die Stare in den Kirschen – sie alle hinterlassen Schäden. Die Pflanzen können sie – hoffentlich – ausgleichen. Im Garten erlebe ich das täglich.

Die Evolution ging bei den höheren Pflanzen danach, was ein sesshafter, ortsfester Organismus braucht. Er ist aus Modulen aufgebaut, die jeweils aus einem Achsenstück mit Blatt und Knospe bestehen. Eine Pflanze wächst, indem solche Module gebildet werden – geht es ihr gut, wächst sie mehr, geht es ihr schlecht, weniger. Tiere sind dagegen nicht modular, sondern „unitar" organisiert, sie sind sozusagen Einzelstücke. Dafür sind sie mobil

> **Wie wird wohl mein Garten in über 1 000 Jahren aussehen?**

I NEVER REALLY WANTED A GARDEN

AS PROFESSOR OF VEGETATION ECOLOGY at the University of Vienna, I had the privilege to get to know the world of plants in its full diversity in my teaching and my research. In addition to specializing in high mountains and establishing a global monitoring network of plants at the low temperature limits of life, I undertook the essential excursions and research trips typical of my profession. Naturally, this background and these experiences formed my view of nature. And yet: only now that I have a garden am I really sure that everything I tell my students is true.

Biology today has probed far into the chemistry of life processes and how they are controlled. Its vision is becoming clearer and sharper. The myth of life is fading and superseded by an admiration for the real molecular structures and their functional links. The possibilities for targeted manipulation are increasing and it is tempting to exploit their economic potential. I must admit that even to me modern molecular biology texts often seem like a secret code. For me as an ecologist interested in analysing and understanding vegetation patterns, the molecular level of explanations is rarely the primary goal. Yet, ecology owes spectacular new insights to methods from molecular biology, for instance on how alpine plants were spread across thousands of kilometres by migrating birds, or proof that clonal populations of, say, blueberry, mountain avens or the alpine sedge *Carex curvula* that forms the original alpine meadows can live for hundreds, in extreme cases for up to 5 000, years. What might my garden look like in over 1 000 years? Even the most determined natural scientist hits the buffers here. There is nothing for it, we will never grow as old as the reed clones that manage up to 7 000 years.

After forty years in teaching, I like to surprise students and listeners by pointing out curiosities like the fact that, with fertilization, a plant can make six instead of four leaves while I can feed our dog Bruno as well as I like – he won't grow four ears instead of two. It's the garden's fault. Hundreds of slugs and snails in the morning dew, voles, the starlings in the cherries, they all wreak damages. Plants can – hopefully – compensate for them. In the garden, I experience this every day.

Evolution of the higher plants has been guided by what a resident, stationary organism needs. It is made up of modules, each of which consists of a rachilla with a leaf and a bud. A plant grows by forming such modules, more if it is doing well, fewer if it is suffering. In contrast, animals are not modular but unitary. They are quasi unique forms. But they are mobile and can search out good conditions. Compare gardens and zoos: fences and cages here, colourful borders or lush vegetable plots there, a peaceful and beautiful world.

> **What might my garden look like in over 1 000 years?**

Ein Garten für das 21. Jahrhundert | Vorwort

und können gute Bedingungen aufsuchen. Vergleichen Sie Pflanzen- und Tiergärten: Dort die Zäune und Käfige, hier die bunte Blumenrabatte oder das wüchsige Gemüsebeet – eine friedliche schöne Welt. *Scientia amabilis*, die liebenswerte Wissenschaft, wurde die Botanik genannt. Keine Sorge, für mich gehört beides zusammen. Meinen Garten ohne Bruno, die Katzen Gloria und Bole, die Spatzen, Meisen, Marienkäfer, Tagpfauenaugen und Segelfalter kann ich mir nicht vorstellen.

Was an dem Garten ist aber schuld, dass sich ein Fotokünstler vom Kaliber eines Lois Lammerhuber für meinen Garten begeistert? Der Rosenturm mag helfen, die Antwort zu geben. Es ist die unaufdringliche Kreativität, frei von Gestaltungszwang, die ihn faszinieren mag. Es ist der gelassene Zugang mit Respekt gegenüber dem Willen der Natur. Man kann es reaktives Gärtnern nennen: Als vom Marillenbaum zuerst der erste, dann der zweite Hauptast wegbrach, war guter Rat teuer. Plötzlich kam dann die Idee, dass das eigentlich ein perfektes Rankgitter wäre. Rasch ein paar Kletterrosen hingesetzt, rot, gelb, weiß, bunt eben, und der Rosenturm wurde zur zentralen Attraktion des Gartens mit ‚Strombergzauber', ‚Golden Gate', ‚Palais Royal' und ‚Goldenem Olymp'.

> **Es ist der gelassene Zugang mit Respekt gegenüber dem Willen der Natur.**

Inzwischen hat sich ein Baumpilz eingenistet, und kleine weiße Fruchtkörper erobern den Stamm. Was wird noch alles dafür sorgen, dass das Totholz nicht ewig bleibt? Ist es nicht faszinierend, ein Modell der natürlichen Zersetzungsprozesse im Garten zu haben? Und dazu noch von Rosen umkränzt. In der Natur sterben Bäume im Stehen. Mein Baum hat mir versichert, dass er durchhalten will, solang es nur geht.

Früher als Baum, heute als Stütze der Rosen und als Naturmodell – unsere Marille wird bewundert, von all denen, die im Garten sitzen. Freilich, es sind meist Wissenschaftler aus aller Herren Länder mit biologischem Background oder Spezialisierung. Aber auch sie meinen, dass die Symbiose zwischen Natur und Mensch hier geglückt ist. Mein Holunder, die Rosen, die Tithonien nicken dann, aber das merke nur ich …

Das Buch ist kein wissenschaftliches Werk, das sich häufig der Wortkombination „man muss" bedient. Es ist auch kein Lehrbuch über Gartenkultur. Was ist es dann? Das erschließt sich vielleicht am besten, wenn ich kurz schildere, wie es dazu kam. Im Prinzip habe ich das Gartenbild meiner Kindheit realisiert. Wir hatten zwar einen Nutzgarten, von dem die Familie lebte, aber immer auch Blumen, viele Blumen. Heute habe ich eine Blumenschlucht, wo man in Blumen gleichsam ertrinkt, ist der Garten Arena all dessen, was ich als Ökoprofessor meinen Studenten erzähle. Viel Natur ist im Garten, von der Brennnessel bis zum Hopfen, vom Moderlieschen im Schwimmteich bis zum Segelfalter über den Blüten. Wer immer auch Gast bei mir ist, mein Garten fasziniert. Er ist gemütlich und überschaubar und trotzdem von beeindruckender Vielfalt. Als vor zwei Jahren Lois Lammerhuber, vielfach ausgezeichneter Top-Fotograf, meinte, er, der Weitgereiste, hätte noch keinen Hausgarten dieser Art und Pracht gesehen, war der Entschluss auch schon gefasst. Wir machen ein Buch, das den Garten nicht abbildet, sondern sein Wesen schildert. Unserer Meinung nach ist uns dieses Vorhaben gelungen.

Botanics used to be called *scientia amabilis*, the lovable science. Not to worry, for me it belongs together. My garden would be inconceivable without Bruno, the cats Gloria and Bole, the sparrows, tits, ladybirds, peacock butterflies and scarce swallowtails.

But what is it that makes a photographic artist of Lois Lammerhuber's stature enthusiastic about my garden? The rose tower might provide an answer. Maybe the unassuming creativity, free of any compulsion to design, fascinates him. It is the relaxed approach that respects the will of nature. One could call it reactive gardening: when the apricot tree lost first one, then a second major branch, we were wondering what to do. Suddenly there was this idea that it could be the perfect trellis. We quickly planted a few climbing roses in red, yellow, white, just a bit of colour, and the rose tower became the central attraction in the garden with 'Strombergzauber', 'Golden Gate', 'Palais Royal' and 'Golden Olymp'.

In the meantime, a wood fungus has settled there and small white fruiting bodies are conquering the stem. What else is going to come and make sure that the deadwood won't remain forever? Isn't it fascinating to have a model of natural decomposition in the garden? And, what's more, decorated with roses. In the wild, trees die standing up. My tree has assured me it wants to carry on as long as possible.

A tree in the past, a rose trellis and natural model now – our apricot tree is admired by every visitor that gets to sit in the garden. Of course, mostly these are scientists from many countries, with a background or special interest in biology, but they, too, think that a successful symbiosis of nature and humans has been achieved here. The elderberry bush, the roses, the Mexican sunflowers all nod in agreement, but only I notice…

This book is not a scientific work. It is not a gardening book with plenty of 'musts'. Nor is it a textbook on garden culture. What is it then? Maybe this becomes clearer if I explain how it came about. Basically, I have realized the garden image of my childhood. We did have a kitchen garden to feed the family, but also flowers, always plenty of flowers. Today, I have a flower ravine where you all but drown in flowers and the garden is everything that I tell my students in my capacity as eco-prof. There is plenty of nature in the garden, from stinging nettle to hop, from moderlieschens in the swimming pond to the scarce swallowtails in the flowers. All my guests become fascinated by the garden. It is cosy and of modest size, yet impressively varied. When, two years ago, award-winning top photographer Lois Lammerhuber claimed that in all his travels he had never seen such a unique and magnificent domestic garden, this decided it. Let's make a book that does not depict the garden but imparts its essence. We would like to think this endeavour was successful.

> It is the relaxed approach that respects the will of nature.

DIE VIER JAHRESZEITEN | THE FOUR SEASONS

Frühling | Spring: *Marille* | *Apricot* | *Prunus armeniaca*

Sommer | Summer: *Lilien* | *Lilies* | *Lilium* cultivare

Sommer | Summer: *Kletterrosen* | *Climbing roses* | *Rosa* cultivare

Herbst | Autumn: *Mexikanische Sonnenblume, auch Tithonie* | *Mexican sunflower* | *Tithonia rotundifolia*

Winter: *Schwimmteich* | *Swimming pond*

Curriculum Vitae | Georg Grabherr

GEORG GRABHERR wurde am 30. April 1946 in Bregenz geboren. Sein Naturinteresse erwachte früh und erfuhr Förderung durch die Familie, besonders aber im Internat während der Ausbildung zum Volksschullehrer. Es folgte das Studium der Biologie und Erdwissenschaften an der Universität Innsbruck, das Grabherr mit der Promotion *summa cum laude* abschloss. In Innsbruck leistete er Pionierarbeit zur Dynamik alpiner Ökosysteme und Kenntnis alpiner Vegetationstypen. Er wies als Erster auf die große Bedeutung der Klonalität alpiner Urwiesen und deren hohes Alter hin. Die Folgen des Klimawandels an den alpinen Kältegrenzen sind bis heute ein wesentliches Thema für ihn. Das von ihm initiierte und geleitete Projekt GLORIA zählt zu den führenden Monitoringprojekten. Mit Studien über die Natürlichkeit der österreichischen Wälder und dem ersten vollständigen Gebirgsinventar schutzwürdiger Biotope wurde Grabherr zum international gefragten Experten. Grabherr versteht es, die Position eines Top-Wissenschaftlers mit der praktischen Naturschutzarbeit zu verbinden. Dafür erhielt Georg Grabherr im Jahr 2011 den Österreichischen Naturschutzpreis. 2013 wurde er vom Club der Bildungs- und Wissenschaftsjournalisten zum Österreichischen Wissenschaftler des Jahres 2012 gewählt. 2013 erhielt er den Vorarlberger Wissenschaftspreis sowie das Österreichische Ehrenkreuz für Wissenschaft und Kunst I. Klasse.

Georg Grabherr | Curriculum Vitae

GEORG GRABHERR was born on 30 April 1946 in Bregenz. His interest in nature started early and was encouraged by his family and even more so at boarding school during his training as a primary school teacher. He then studied biology and earth sciences at the University of Innsbruck, finishing with a *summa cum laude* grade doctorate. In Innsbruck he pioneered the research into the dynamics of alpine ecosystems and the knowledge of alpine vegetation types. He was the first to point out the great importance of clonality in original alpine meadows as well as their great age. To this day, the effects of climate change on the alpine low temperature limits are among his main themes. The GLORIA project, which he initiated and coordinated, is a leading monitoring project. Studies on the hemeroby of Austrian forests and the first complete mountain inventory of biotopes that should be protected made Grabherr an internationally sought expert. He knows how to combine the position of a top scientist with practical conservation work. In 2011 Georg Grabherr was awarded the Austrian Conservation Prize. In 2013 he received the Republic of Austria's Cross of Honour, First Class, the 'Vorarlberger Wissenschaftspreis' and was voted 'Austrian Scientist of the Year 2012' by the club of Austrian journalists specializing in education and science.

Ein Garten für das 21. Jahrhundert | Lage und Ökologie

DER GARTEN DES PROFESSORS – LAGE UND ÖKOLOGIE

WELCHE GESTALTUNGSGRUNDSÄTZE UND IDEEN stehen hinter dem Garten? Erst einmal sind es die Umweltfaktoren, die das eine zulassen, das andere nicht. Das Bild auf der folgenden Seite verrät schon sehr viel. Das zarte Grün des Frühlings, die blühenden Bäume – weiß die Kirschen, rosa die Weinbergpfirsiche – stellen klar: Wir sind in einem Gebiet mit sommergrünen Wäldern, konkret im Wienerwald, der aufgrund seiner attraktiven waldbetonten Kulturlandschaft vor fünf Jahren von der UNESCO zum Biosphärenpark erklärt wurde. Die angrenzenden ausgedehnten Flussalluvionen der Donau, genannt „Tullnerfeld", sind heute durchgehend melioriert. Es ist aus gärtnerischer Sicht berühmtes Rosenland und Zentrum der österreichischen Gartenkultur.

 Was für ein Garten ist hier möglich? Winterfrost lässt die Kultivierung von Palmen, Ölbaum oder Orangen nicht zu, für immergrüne Sträucher wie Rhododendren oder Kamelien ist es im Sommer eigentlich zu trocken und im Winter zu kalt. Die vielen beliebten Nadelhölzer in den Gärten würden sich lieber in höhere Lagen zurückziehen. Zu Hause sind hier sommergrüne Laubgehölze, wuchskräftige Gebüsche, Gräser in allen Variationen – von saftig weichlaubig bis trocken-hart – bunter Frühlingsflor, Stauden ohne Ende und die kurzlebigen Beikräuter am Weg- und Ackerrand. Ein Jahresmittel der Temperatur von plus/minus zehn Grad Celsius und Niederschlagsmengen zwischen 600 und 700 Millimeter – das ist Rosen- und Weinbauklima zugleich. Essigrosen in den Trockenwiesen und Bibernell-Rosen in den Weinberggassen passen perfekt zu Veltliner, Blauburger, Portugieser, Zweigelt – allesamt urösterreichische Weinsorten. Sicher tranken auch die römischen Legionäre im nahen Kastell „Cannabiaca", dem heutigen Zeiselmauer, Wein, wie damals üblich, möglicherweise gewürzten. In Spitzenzeiten beherbergte das Kastell als Teil des Limes an die 500 berittene Soldaten. Vielleicht stand beim Kommandant der Reitertruppe das landwirtschaftliche Standardlehrbuch „De re rustica" des Lucius Columella im Regal. Man staunt, auf welch hohem Niveau die Römer schon Acker- und Gemüsebau betrieben. Nach den Wirren der Völkerwanderungszeit erfuhr die Region im Mittelalter einen Aufschwung vor allem als Weinbaugebiet. Die Marktgemeinde Königstetten lieferte bis ins 19. Jahrhundert Wein an die Bischöfe von Passau. Die Reblauskatastrophe brachte die Umstellung zum Ribiselanbau. Inzwischen hat sich der Weinbau wieder erholt. Heute bieten sieben Heurigenschenken dem müden Gartenpfleger Wein und Nahrung.

> **Das zarte Grün des Frühlings, die blühenden Bäume – weiß die Kirschen, rosa die Weinbergpfirsiche …**

THE PROFESSOR'S GARDEN – LOCATION AND ECOLOGY

WHAT ARE THE DESIGN PRINCIPLES AND IDEAS underlying the garden? It starts with the environmental conditions that allow one thing and prohibit another. The photograph on the next page reveals much. The tender green of spring, the flowering trees, the cherry in white, the vineyard peach in pink – they indicate that we are in an area of summergreen forests, more precisely in the Vienna Woods (Wienerwald), which received its designation as a biosphere reserve five years ago for its attractive, forest-dominated cultural landscape. The adjacent wide river alluviums of the Danube, the so-called Tullnerfeld, have mostly undergone some land improvement. From a gardening perspective, this is a famous rose-growing area and a centre of Austrian horticulture.

What kind of garden is possible here? Winter frosts do not allow the cultivation of palm, olive or orange trees. For evergreen herbaceous plants, such as rhododendron or camellia, the summers here are really too dry and the winters too cold. The many popular conifers in the gardens would rather retire to higher altitudes. What is at home here are summergreen deciduous trees, vigorous shrubs, all manner of grasses, from juicy and soft-leaved species to dry and hard ones, colourful spring flowers, no end of perennials and the short-lived wild plants at the edges of paths and fields. The annual mean temperature of ca. ten degrees centigrade and a precipitation between 600 and 700 millimetres mean a climate for both roses and wine-growing. *Rosa gallica* in the dry meadows, burnet rose in the vineyard lanes go very well with Veltliner, Blauburger, Portugieser, Zweigelt – all of them typically Austrian varieties of wine. Surely the Roman legionnaires in the nearby fort *Cannabiaca*, today's Zeiselmauer, were drinking wine too, probably spiced as was common at that time. During peak periods, the fort, as part of the Limes border, housed nearly 500 soldiers and their horses. Maybe the commander of the mounted troupe had Lucius Columella's agricultural standard reference book *De re rustica* on his shelf. It is amazing how sophisticated the Romans were in their arable farming and vegetable growing. After the turmoil of the Migration Period, the region prospered in the Middle Ages, mainly as a wine-growing region. Well into the 19th century, the market town of Königstetten supplied wine to the bishops of Passau. The vine pest disaster brought a shift to currant growing. Today, the viticulture has recovered and seven 'new wine taverns' (Heuriger) offer wine and food to the weary gardener.

> The tender green of spring, the flowering trees, the cherry in white, the vineyard peach in pink…

Narzissen | *Daffodils* | *Narcissus* cultivare

DIALOG MIT DER NATUR – MEINE GARTENPHILOSOPHIE

BIODIVERSITÄT IM GARTEN – EINE WAHRE GESCHICHTE. Durch einen Zeitungsartikel neugierig geworden, besuchte vor Jahren der Naturschutzreferent der Niederösterreichischen Landesregierung meinen Garten. In dem Artikel wurde unter anderem erwähnt, dass um die 300 Arten und Sorten in meinem Garten wachsen. Wir standen beim Rosenturm, damals die noch intakte Marille, und er fragte – bereits etwas enttäuscht – wo denn nun die vielen Pflanzen seien. Er stehe auf mindestens fünf – so meine Antwort. Geduldig erklärte ich ihm, dass es sich um einen naturbetonten Garten handle und etwa die Hälfte spontan aufgekommene Wildkräuter und -gräser seien.

Am sonnigsten Eck zeigte ich dem Landesrat die Hornmelde *(Krascheninnikovia ceratioides;* siehe Seite 313) und sogleich verfinsterte sich das Gesicht des begleitenden Amtssachverständigen. Ob ich nicht wisse, dass die zu den ganz großen Raritäten in Niederösterreich zähle, daher streng geschützt sei und ich sie wohl nicht aus der Gärtnerei hätte. Meine Hornmelde stammt tatsächlich vom bekannten Standort im Weinviertel. Ein Bauer hatte gerade seinen Acker gespritzt, und ich fühlte mich nicht nur legitimiert, sondern verpflichtet, den bereits in krausen Windungen verkrampften kleinen Strauch mitzunehmen. In diesem Sinne folgt meine Gartenphilosophie auch dem Arche-Noah-Prinzip. Nachdem ich den Edelmut meines Handelns bewiesen hatte, waren alle zufrieden. Der Landesrat war stolz auf die Sachkundigkeit seines Beamten, dieser, weil er naturschützen konnte, und ich, weil eine an sich hässliche Pflanze, stellvertretend für die gar nicht so wenigen Grauchen, Mauerblümchen und Aschenbrödel, von einem Mitglied der politischen Elite wahrgenommen wurde.

Der Garten als Arche Noah für seltene Pflanzen. Neben Standortgerechtigkeit, Betonung natürlicher Prozesse, dem mehr Reagieren als Agieren, dem Anstreben überbordender Blumenfülle sind quasi der In-vitro-Schutz und die Erhaltung gefährdeter Arten wesentliche Motive. Die Hornmelde ist ein Beispiel dafür.

DES GARTENS WESEN. Lois Lammerhuber, ein Meister seines Faches, mit Preisen verwöhnt, hat, ohne Rücksicht auf sich, ein Jahr lang das Wesen des Gartens zu erfassen versucht. Er lag am Boden, robbte durch Stauden, hielt in der Kälte des Spätherbstes stundenlang aus. Seit vierzig Jahren als Forscher und Universitätslehrer tätig, fesselt mich dieses Gartenprojekt wie kaum ein anderes. Seit 20 Jahren im Osten Österreichs, biogeografisch im sogenannten Pannonikum zuhause, konkret an der Nordgrenze des Biosphärenparks Wienerwald, entdeckten wir, meine Frau Traudl und ich, den Garten als eine Art Lebenspartner, mit dem wir in einen ständigen Dialog treten. Unser Garten ist naturbetont, aber nicht im strengen Sinne ein Naturgarten. Er enthält nicht nur heimische Pflanzen, aber was von selbst kommt, wird in das Ensemble aus Blumen, Sträuchern und Kräutern eingebunden, man könnte

> **Mein Garten ist eine Arche Noah für seltene Pflanzen.**

DIALOGUE WITH NATURE – MY GARDEN PHILOSOPHY

BIODIVERSITY IN THE GARDEN – A TRUE STORY. Intrigued by an article in a newspaper, a conservation officer of the Lower Austrian federal state government visited my garden several years ago. The article mentioned, among other things, that around 300 species and varieties grew in this garden. We were standing by the rose tower, then still a healthy apricot tree, and he asked, already a bit disappointed, where all these plants were supposed to be. I replied that he was standing on at least five of them. Patiently I explained that this was a garden with an emphasis on nature and that about half of the plants were spontaneously germinated wildflowers and grasses.

In the sunniest corner, I showed the officer the *Krascheninnikovia ceratioides* (see page 313) and at once the face of the expert who had come with him darkened. Was I not aware that this was one of the rarest plants in Lower Austria and therefore strictly protected and that I could hardly have got it from a nursery? My *Krascheninnikovia ceratioides* did indeed come from the known site in the Weinviertel area. A farmer had just sprayed his field with herbicide and I felt not just legitimized but obliged to take the little perennial with me, which had already begun to wither and roll up its leaves. In this sense, my gardening philosophy follows the Noah's Ark principle. After I had proven my noble motive for action, everybody was content. The conservation officer was proud of the expert knowledge of his colleague, the expert was glad about the conservation, I was happy because a basically ugly plant, representative of a not so small number of graylings, wallflowers and Cinderellas, had been noticed by a member of the political elite.

The garden as Noah's Ark for rare plants. In addition to location-appropriate planting, emphasizing natural processes, reacting more than acting and striving for an abundance of flowers, it is the quasi *in situ* protection and maintenance of endangered species that spurns me on. The *Krascheninnikovia ceratioides* is an example.

THE ESSENCE OF THE GARDEN. Lois Lammerhuber, a master of his art, showered with awards, tried for a whole year to capture the essence of the garden without sparing a thought for his own comfort. He lay on the ground, crawled through the perennials, stayed out for hours in the cold late autumn. In my forty years as researcher and university teacher, this garden project has captivated me like hardly anything before. Having lived in the east of Austria for twenty years, biogeographically at home in the so-called Pannonian region, more precisely on the northern boundary of Wienerwald Biosphere Reserve, we, my wife Traudl and I, discovered the garden as a kind of life partner, with whom we maintain a continuous dialogue. Our garden emphasizes nature but not in the strict sense of a natural garden. It does not just contain indigenous plants, but what settles here by itself gets integrated

> **My garden is a Noah's Ark for rare plants.**

es reaktives Gärtnern nennen. Natürlich wird gejätet, aber nur dort, wo es nottut, wie im Gemüsebeet. Wuchern die Brennnesseln zu sehr, werden sie zurückgenommen.

WARUM SIND SIE BOTANIKER? WEIL ICH BLUMEN LIEBE. Ich liebe Blumen, möglichst viele und bunte. Lässt sich die emotionale Dimension des Frühlings besser in Szene setzen, als es Lois Lammerhuber auf Seite 58 getan hat? Betrachten wir zuerst das Motiv aus Sicht des Botanikers. Im Hintergrund treiben Hasel und Feldahorn gerade aus und entfalten Blüten und Blättchen. Dieses satte Gelbgrün entwickeln in unserer Baumflora nur Spitz- und Feldahorn. Hasel und Feldahorn sind aus der Baumschule und gepflanzt. Bei Hasel, Mispel und Dirndl handelt es sich um Kultursorten mit größeren und schmackhafteren Früchten. Die Zusammenstellung der Arten für die Hecke geschah aber genau nach dem Muster mitteleuropäischer Hecken. In der Zwischenzeit ist die Hecke mit spontan aufgekommenem Holunder „verunreinigt". Die Narzissen sind Bestand von früheren Setzaktionen beziehungsweise im Herbst davor gekauft und gesetzt worden. Fehlen noch der rosa Pfirsich und die Kirsche rechts: Der Pfirsich ist das Markenzeichen pannonischer Weinberge und läuft unter der Bezeichnung – erraten – Weingartenpfirsich. Rosa Blütenkugeln im Frühjahr und an Aroma nicht zu überbietende Früchte sind die einmaligen Attribute dieser Obstart.

> „In Blumen ertrinken", Blumenfülle bis auf Augenhöhe und die „Überwindung des allgegenwärtigen Grüns" sind Leitmotive des Gartens.

EIN BIOSPHÄRENPARK IM KLEINEN. „In Blumen ertrinken", Blumenfülle bis auf Augenhöhe und darüber hinaus und die „Überwindung des allgegenwärtigen Grüns" sind weitere wesentliche Leitmotive des Gartens. Ich nutze das spontane Angebot und verstärke die Wirkung durch Kombination mit Kultivaren. Es ist ein Garten, der fordert, aber auch Zeit und Muße bereithält. Er ist eine Art Mikrokosmos. Was hat er aber mit Biosphärenparks zu tun? Haus und Garten liegen gerade noch innerhalb der Grenzen des Biosphärenparks Wienerwald. Drei Grundelemente sind es, die nach der sogenannten Sevillastrategie in einem Biosphärenpark verwirklicht sein sollen: Naturschutz nach dem Wildnisprinzip, die Erhaltung von tradierten Kulturlandschaften, und schließlich soll nachhaltige Nutzung und Entwicklung sanfter Technologien das Wohlergehen der Bevölkerung absichern. Einer meiner Stars, eine Parkrose, die offensichtlich ahnte, dass ein Fotograf im Garten ist, würde dem traditionellen Kulturanspruch Rechnung tragen. Das fette Laub der Rudbeckien verdeckt den Giersch, der ein Stück Wildnis in den Garten bringt. Im Biosphärenpark soll ein Dialog zwischen Natur und menschlicher Nutzung und Kultur stattfinden, zum Wohlergehen beider. Vorzeigemodelle sollen Biosphärenparks sein, im Kleinen wie im Großen.

BLUMENSCHLUCHT. Spätsommer in der Blumenschlucht: Der Garten umfasst zwei ehemalige Ackerterrassen und Böschungen dazwischen. Nachdem ein schmaler Pflasterweg und eine Staudenrabatte angelegt waren und wenig später das Nachbargrundstück gekauft werden konnte, stellte sich die Frage, wie die untere Böschung gestaltet werden sollte. Irgendwie kam mir die Idee mit der Blumenschlucht. Traudl war wie üblich erst einmal dagegen. Aber frei nach Raimund nutzte ihr das Brummen nichts. Nach einigen Jahren des Probierens und Experimentierens, der Ärgernisse und Enttäuschungen, des Lernens steht die Blumenschlucht

into the ensemble of flowers, shrubs and herbs – you could call it reactive gardening. We weed, of course, but only where it is necessary, like in the vegetable patch. If the nettles get out of hand, we restrain them.

WHY ARE YOU A BOTANIST? BECAUSE I LOVE FLOWERS. I love flowers and can never have too many or too much colour. Is it possible to capture the emotional dimension of spring better than Lois has done it here? Let's first look at the scene on page 58 with the eye of a botanist. In the background, hazel and field maple are beginning to bud and unfurl their flowers and leaves. Among our tree flora, only Norway and field maple present this rich yellowish green. Hazel and field maple came from the tree nursery and are planted. Hazel, medlar, cornelian cherry are cultivated varieties with larger and tastier fruit. However, in selecting species for this hedge, we followed closely the pattern of Central European hedgerows. In the meantime, the hedge has become 'infested' with self-sown elder. The narcissi are left over from past plantings and/or bought and planted the previous autumn. That leaves the pink peach and the cherry on the right. The peach is the trademark of Pannonian vineyards and, you guessed it, is called vineyard peach. Pink globes of flowers in spring and fruit of unsurpassed aroma are the unique attributes of this type of fruit.

A MINIATURE BIOSPHERE RESERVE. 'Drowning in flowers', abundant flowers up to eye level and beyond, 'overcoming the ubiquitous green' are further essential leitmotifs of the garden. I make use of spontaneous offerings and intensify the effect by combining it with cultivars. It is a demanding garden but also provides time and leisure. It is a kind of microcosm, but what has it got to do with biosphere reserves? House and garden fall just within the boundaries of Wienerwald Biosphere Reserve. The so-called Seville Strategy envisages three basic elements that should be realized in a biosphere reserve: conservation based on the wilderness principle, maintenance of traditional cultural landscapes and ensuring the welfare of the population through sustainable use and development of soft technologies. One of my stars, a shrub rose that seemed to sense that there was a photographer in the garden, could represent the claim to traditional culture. The fat foliage of the rudbeckias covers up the ground elder that introduces a bit of wilderness into the garden. The biosphere reserve is meant as the place for a dialogue between nature and human use and culture to the benefit of both. Biosphere reserves should be models, on a small as on a larger scale.

FLOWER RAVINE. Late summer in the flower ravine: The garden includes two former field terraces and the banks between them. Once we had put down a narrow paved path and a perennial border and purchased the neighbouring plot soon after, the question arose what do to with the lower bank. Somehow I came to think of a flower ravine. As usual, Traudl opposed this at first. But, as it says in Raimund's play, grumbling did not get her anywhere. After several years of trials and experiments, frustrations and disappointments, and of learning, the flower ravine now is a wealth of blooms from

> *'Drowning in flowers', abundant flowers up to eye level and 'overcoming the ubiquitous green' are leitmotifs of the garden.*

in voller Pracht vom Frühjahr bis in den Herbst. Mehrjährige Stauden bilden eine Art Grundmatrix aus Gämswurz, Brandkraut, Pfingstrosen, Phlox, Taglilien, Sonnenauge, Blutweiderich, Sonnenbraut, Herbstastern, Rudbeckien und Topinambur. Sie alle sind mehr oder weniger „schneckenfest". Die Frühjahrsphase beherrschen natürlich Narzissen und Tulpen zwischen den Stauden, die meisten neu gesetzt im vorigen Herbst. Sind die Zwiebelpflanzen abgeblüht, kommen die einjährigen Sommerblumen. Dass die meisten Schneckenfutter sind, lernten wir bald. Zuerst taten mir die Pflanzen leid, später auch der Geldbeutel.

PANNONIKUM. Der Sommer ist im Pannonikum warm und trocken, mitunter gibt es sogar regelrechte Dürreperioden. Für den Gärtner heißt es wässern, die Topfpflanzen sogar täglich. Die Luft ist trocken, und an sommerlichen Föhntagen welkt die ganze Blumenpracht dahin. Am durstigsten sind die Wandelröschen. Da kann die Erde noch feucht sein, trotzdem hängen die Blätter. Problematisch sind auch die echten Hochstauden. Lupinen, Rittersporn, Eisenhut – sie alle leiden regelrecht unter der trockenen Luft. Ich halte sie in Töpfen, wo sie, in die schattigsten Nischen gestellt, die heißeste Phase überdauern. Die frühen Hochstauden, wie die genannten, stammen ursprünglich aus hochmontan-subalpinen Staudenfluren und Lawinenbahnen der Hochgebirge mittlerer Breiten wie den Alpen, Pyrenäen, Skanden, dem Himalaja und den Rocky Mountains. Geradezu riesig, bis zu vier Meter hoch, werden sie in den niederschlagsreichen und relativ wintermilden Bergen des westlichen Kaukasus und den vom Monsun beeinflussten Hochlagen der fernöstlichen Pazifikküsten Kamtschatkas und Sachalins. Der Riesen-Bärenklau (*Heracleum mantegazzianum*) fand als spektakuläre Zierpflanze vom Kaukasus seinen Weg in viele mitteleuropäische Gärten. Heute massiv verwildert, wurde er zum Problemfall, da er Hautreizungen auslöst.

MEIN GARTEN MAG MODELL SEIN UND ANREGUNGEN LIEFERN:
- Mein Garten folgt dem Gestaltungsprinzip natürlicher Pflanzengesellschaften: Vielfalt auf kleinem Raum.
- In meinem Garten soll man „in Blumen ertrinken". Das wird erreicht durch die Mischung von mehrjährigen Stauden, einjährigen und Topfpflanzen.
- In meinem Garten herrschen gleichberechtigt Experimentierlust, Gestaltung und Zufall. Ich kaufe, was gefällt, lasse zu, was von selbst kommt, und probiere aus.
- Mein Garten kennt Werden und Vergehen. Nicht jeder tote Halm wird weggeschnitten.

Wichtige Grundeigenschaften für den Umgang mit der Natur sind Neugier, Lernwille, Eifer und Kreativität auf der einen Seite, auf der anderen auch Müßiggang, Toleranz, Respekt, Selbstbestimmung und Freiheitsdrang. Das Wichtigste aber ist: Sie sollen sich in Ihrem Garten wohlfühlen.

Eine Journalistin schrieb vor Kurzem, mein Garten sei naturbetont und verwegen. Mir würde es sehr gefallen, wenn sich mehr „Verwegenheit" nicht nur in meinem Garten fände.

spring to autumn. Perennials form a basic matrix of leopard's bane, Jerusalem sage, peonies, phlox, daylilies, heliopsis, purple loosestrife, heleniums, autumn asters, rudbeckias and Jerusalem artichokes. All of them are more or less 'snail-hardy'. In spring, of course, narcissi and tulips rule among the perennials, most of them newly planted the previous autumn. Once the bulbs have finished flowering, they are succeeded by annual summer flowers. We soon learned that most of those are snail fodder. First I pitied the plants, later I also pitied my purse.

THE PANNONIAN REGION. Summer in the Pannonian region is warm and dry, sometimes including a veritable drought. For the gardener this means watering, daily in the case of the pot plants. The air is dry and on summer days with foen wind, the whole floral splendour is withering. The yellow sage is the thirstiest. Even if the soil is still moist, the leaves are drooping. True tall perennials are also problematic. Lupines, larkspur, monkshood – they are all really suffering in the dry air. I keep them in pots where they survive the hottest phase put away in the shadiest corners. The early tall perennials like the ones just mentioned come originally from the high montane / subalpine vegetation of perennial herbs and from avalanche chutes in mid-latitude high mountains such as the Alps, Pyrenees, Scandes, Himalayas, Rocky Mountains. In the high precipitation and relatively mild winters of the western Caucasus and the monsoon-influenced higher reaches of the Far-Eastern Pacific coasts of Kamchatka and Sakhalin, they grow to gigantic heights of up to four metres. The giant hogweed *(Heracleum mantegazzianum)* found its way from the Caucasus into many Central European gardens as a spectacular ornamental plant. Massively self-sown in the wild, it has now become a problem because it triggers skin rashes.

MY GARDEN MAY SERVE AS A MODEL AND PROVIDE INSPIRATION:
- My garden design is based on that of natural plant communities: diversity within a small space.
- In my garden, you should be 'drowning in flowers'. This is achieved by a mix of herbaceous perennials, annuals and pot plants.
- In my garden, there is a balance of power between experiment, design and coincidence. I buy what takes my fancy, allow self-sowing and try things out.
- My garden embraces growth and decay. Not every dead stalk is taken out.

Key qualities for interacting with nature are, on the one hand, curiosity, the will to learn, eagerness, creativity, and on the other, leisure, tolerance, respect, self-determination, the love of freedom. But what is most important is that you enjoy your garden.

Recently, a journalist described my garden as sympathetic to nature and bold. I would very much like to see more 'boldness', not just in my garden.

> **Perennials form a basic matrix of leopard's bane, Jerusalem sage, peonies, phlox, daylilies, heliopsis, purple loosestrife, heleniums, autumn asters, rudbeckias and Jerusalem artichokes.**

PHÄNOLOGIE: DIE 12 JAHRESZEITEN DES GARTENS
PHENOLOGY: THE 12 SEASONS OF THE GARDEN

WENN MAN SEINEN GARTEN LIEBT, sind die vier Monate mit einem meist wolkenverhangenen Himmel, mit dem Braun der Gräser und Uferkräuter und dem kahlen Geäst der Bäume auch in meinem Garten eine einzige Tristesse. Die ersten Schneeglöckchen kommen ziemlich genau um den 10. Februar zur Blüte. Es folgt ein Auf und Ab; ein paar sonnige Stunden, die ersten Bienen, eine eisige Nacht, und Halme und Blüten liegen am Boden. Erstaunlich ist, wie sich die Pflanzen dann erholen. Die reproduktiven Teile, also Fruchtknoten und Staubblätter, sind besonders empfindlich. Die Befruchtung ist genauso von der Temperatur abhängig wie die anderen Lebensprozesse. Eine gewisse Wärmesumme ist notwendig. Zwischen den klimatischen Bedingungen und den saisonalen Veränderungen der Pflanzen besteht eine enge Beziehung. Veränderungen des Klimas, heute in aller Munde, äußern sich daher in Veränderungen beim Blühzeitpunkt, dem Fruchten und dem Laubfall. Die wissenschaftliche Disziplin der Phänologie beschäftigt sich damit und versucht, mit standardisierten Beobachtungen Veränderungen zu verstehen. Sie wurde in den Anfängen der weltweiten Wetterbeobachtung entwickelt, war eine Zeitlang sehr populär, und sogar Volksschulklassen beobachteten in den 20er Jahren des vergangenen Jahrhunderts das Aufblühen von Apfel und Flieder. Im Zuge des Klimawandels und seiner Folgen gewinnen phänologische Daten enorm an Bedeutung.

IF YOU LOVE YOUR GARDEN, the four months of mostly cloudy sky, brown grass and pond plants and bare trees are just one big tristesse – in my garden, too. The first snowdrops tend to flower pretty much exactly on 10 February. They are followed by ups and downs: a few sunny hours, the first bees, a frosty night and the leaves and flowers collapse on the ground. It is astonishing how the plants soon recover. The reproductive parts, in other words ovary and stamen, are particularly tender. Fertilization is just as dependent on temperature as the other vital processes. It takes a certain total warmth. There is a close relation between the climatic conditions and the seasonal changes of the plants. Changes in climate, much talked about today, manifest themselves in a changed schedule for flowering, fruiting and leaf fall. The scientific discipline of phenology studies this and tries to understand the changes with the help of standardized observations. It was developed in the early phase of global weather monitoring and was very popular for a time. Even primary school classes observed the flowering point of apple and lilac in the 1920s. In the context of climate change and its impact, phenologic data are becoming much more important again.

Schneeglöckchen | *Snowdrop* | *Galanthus nivalis*

Ein Garten für das 21. Jahrhundert | A 21st Century Garden

SPÄTWINTER | LATE WINTER

DAS WETTER IM WIENER RAUM IST RECHT LAUNISCH. Es ist windig, im Herbst und Winter meist schneearm, phasenweise bitterkalt mit Frösten zwischen minus zehn bis minus zwanzig Grad Celsius. Noch lange sind Spätfröste möglich, die vor allem die Marillenblüte gefährden.

Der Lauf des Jahres kennt Jahreszeiten, die nach astronomischen Gesetzmäßigkeiten definiert sind, die sich aber auch nach der Natur und ihren Veränderungen richten können. Klassisch und durchaus zu empfehlen sind die phänologischen Jahreszeiten. Ihre Einteilung gehört zur Grundausstattung eines Gartenstils, der sich nach dem Zeigerwert bestimmter Organismen richtet. Im Folgenden werden die klassischen zehn Jahreszeiten der Phänologie mit Indikatoren, angepasst an meinen Garten und ergänzt um die Wintermonate, vorgestellt.

Und was ist mit dem Mond, was mit Lostagen und Bauernregeln? Der Einfluss des Mondes und die Bedeutung von Lostagen waren, sind und bleiben mit Sicherheit umstritten. Sogenannte Singularitäten wie die Eisheiligen oder das Weihnachtstauwetter halten auch den meteorologischen Statistiken stand. Die weitere Palette reicht von wahrscheinlich über möglich bis hin zu Unfug. Immer passt meine Lieblingsregel: „Hat der Bauer keinen Spruch auf Lager, wird die Ernte karg und mager." In anderen Worten: Macht er sich keine Gedanken, wird er es bei der Ernte spüren.

THE WEATHER AROUND VIENNA IS QUITE FICKLE. It is windy, usually with little snow in autumn and winter and phases of bitter frost between minus ten and minus twenty degrees centigrade. Late frosts are possible for a long time and particularly dangerous for the apricot blossom.

The course of the year knows seasons defined by astronomy but they can also be oriented on nature and its changes. A classic and quite recommendable division are the phenologic seasons. Its division is part of the basic equipment of a gardening style that is oriented on the indicator value of certain organisms. Below we present the classic ten seasons of phenology with indicators adapted to my garden, plus the winter months.

And what about the moon, weather divining days and country lore? The influence of the moon and the significance of farmer's almanac days have always been and will surely remain in doubt. So-called singularities like the icemen or the Christmas thaw can be backed up by meteorological statistics. The rest ranges from the probable to the possible to the ridiculous. My favourite saying always applies: 'If the farmer's short of a rule, his harvest will hardly feed a mule.' In other words: if he does not think ahead he will know it at harvest time.

Schneeglöckchen nach einer Frostnacht. An sich sind die fruchtbaren Teile der Blütenpflanzen wie Griffel, Fruchtknoten und Staubblätter sehr empfindlich gegen Fröste. Aber beim Schneeglöckchen halten sie das offensichtlich aus. | *Snowdrop after a frosty night. As a rule, the fertile parts of seed plants, such as style, ovary and stamen, are very sensitive to frost, but in snowdrops they can obviously cope with it.*

Raureifreste auf Krokus. Der Griffel ist knallgelb wie beim Safran, ebenfalls einem Krokus, der aber erst im Herbst blüht. Safran macht jede Speise zu so etwas Besonderem, wie es dieser Schnappschuss ist.

Remnants of hoar frost on a crocus. The style is bright yellow as in saffron, another crocus but an autumn-flowering one. Saffron makes every dish as special as this snapshot.

Spätwinter | 5. MÄRZ

ES IST KEIN STRAHLENDER FRÜHLINGSTAG AM 5. MÄRZ, unserem ersten Fototermin. Noch ist der Teich zugefroren (4–6), Nachtfröste haben Reif (1) und gefrorene Blätter (2) hinterlassen. Ich habe regelrecht Mitleid mit den vereisten Frühlingsboten (3). Dabei ist Eisbildung in Knospen, Blättern oder Zweigen ungefährlich (7), solang nur das Haftwasser in den Zellwänden und Zwischenräumen gefriert. Eisbildung in den Zellen ist hingegen tödlich, weil dann die plasmatischen Strukturen zerstört werden.

Die Frosttoleranz, die sehr unterschiedlich sein kann, ist einer der wichtigsten Filter für die Verbreitung der Pflanzen und bestimmt mit, was im Garten gepflanzt werden kann. Die Ökologie unterscheidet zwischen erkältungsempfindlichen, gefrierempfindlichen und gefrierbeständigen Arten. Absolut frostharte Pflanzen überleben sogar ein Bad in flüssiger Luft, immerhin unter minus 190 Grad Celsius. Zu diesen Kältespezialisten zählen beispielsweise arktisch-alpine Polsterpflanzen wie der leuchtend rot blühende Gegenblättrige Steinbrech, der in den Alpen noch weit über 4000 Meter beziehungsweise nördlich des 80. Breitengrades gefunden wurde. Ihm können im Alpinum oder Steingarten die mitteleuropäischen Wintertemperaturen nichts anhaben. Da schaden ihm die Amseln mehr, die an den Trieben herumzupfen. Arten aus subtropisch-tropischen Lebensräumen hingegen sind erkältungsempfindlich und haben schon bei Temperaturen unter 5 Grad Celsius ernste Probleme. Sie sind ganzjährig im Freien bei uns nicht zu halten.

Kälte und Frost der Eiszeit haben bis heute Spuren in der Pflanzenwelt hinterlassen. Spektakuläre Bäume des Tertiär wie die Magnolien oder Tulpenbäume konnten auf ihrer Flucht in den Süden die Alpen und vor allem auch das Mittelmeer nicht überwinden. Dagegen überdauerten die robustere Buche, Tanne, die Linden und Eichen in südlichen Refugien. Nachdem die eiszeitlichen Eispanzer weggeschmolzen waren, konnten diese Arten neue Wälder aufbauen. In Nordamerika und Ostasien gab es keine Barrieren in nordsüdlicher Richtung. Darum ist die Gehölzflora dort viel artenreicher als bei uns.

Sommerliche Wärme verführt so manchen Gartenliebhaber dazu, sich eine Zwergpalme anzuschaffen, um Urlaubsstimmung um sich zu haben. Noch überlebt sie bei uns nur, wenn sie rechtzeitig in den sicheren Keller geschleppt wird. Im Tessin allerdings sind scharfe Fröste in den letzten Jahren ausgeblieben, und Zwergpalmen und Zimtbäume sind aus den Gärten und Parks in die dortigen Eichenwälder vorgedrungen. Zwar können einzelne harte Winter solche Vorstöße eindämmen, langfristig ist aber damit zu rechnen, dass ein neuer Waldtyp entsteht. Auch in Mitteleuropa wird sich der Klimawandel auf die Wälder auswirken. Es ist damit zu rechnen, dass sich wärmeliebende Laubbäume vermehrt ausbreiten.

> Die Frosttoleranz bestimmt, was im Garten gepflanzt werden kann.

(1)

(2)

(3)

(4)

5 MARCH | Late winter

THE DATE OF OUR FIRST PHOTO SESSION, 5 MARCH, IS NO BRIGHT SPRING DAY. The pond is still frozen (4–6), night frosts have left hoar (1) and frozen leaves (2) behind. I really pity the harbingers of spring under ice (3). But there is no danger in ice forming in buds, leaves or branches (7) as long as the water bound in the cell walls and intercellular spaces does not freeze. Ice forming in the cells, though, is fatal because it destroys the plasma structures.

Frost tolerance, which can vary greatly, is one of the most important filters for the dissemination of plants and codetermines what you may plant in your garden. Ecologists distinguish between chill-sensitive, frost-sensitive and frost-hardy species. Absolutely frost-hardy plants even survive a dip in liquid air, i.e. below minus 190 degrees centigrade. These cold specialists include Arctic-Alpine cushion plants, such as the mountain saxifrage with its bright red flowers, which has been found in the Alps far above 4000 m altitude as well as north of eighty degrees latitude. Central European winter temperatures in the alpine or rock garden are no threat for it. Which is more than can be said of the blackbirds pecking at its shoots. In contrast, (sub)tropical species are chill-sensitive and experience serious problems at temperatures below plus five degrees centigrade. In our region, you cannot keep them outside all year round.

Cold and frost of the ice age have left their mark on the world of plants. Spectacular trees from the Tertiary, such as magnolias or tulip trees, were unable to cross the Alps or indeed the Mediterranean on their flight south. The more robust beech, fir, lime and oak survived in the more southern refuges. Once the layers of ice had thawed, these species were able to establish new forests. In North America and in East Asia, there were no barriers between north and south, which is why their dendroflora is much richer in species than ours. Warm summers entice many a garden enthusiast to buy a dwarf palm for that holiday feeling at home. In our region, it still only survives if it is transferred into the safety of a cellar in time. In the Ticino, however, there have not been any hard frosts in recent years and dwarf palms and cinnamon trees have spread from the gardens and parks into the native oak forests. While the odd hard winter may dampen such conquests, we may expect that in the longer term a new type of forest will evolve. Even in Central Europe, climate change will affect the woodlands. It is likely that thermophilic deciduous trees will spread.

> Frost tolerance codetermines what you may plant in your garden.

(5)

(6)

(7)

Fieberkleetriebe und Posthornschneckengehäuse im Eis des Schwimmteichs. Posthornschnecken halten eine Art Winterruhe im Bodenschlamm und können dabei mit sehr wenig Sauerstoff überleben.

Bogbean shoots and trumpet snail shell in the ice of the swimming pond. Trumpet snails go into a kind of hibernation in the mud at the bottom of the frozen swimming pond and need only very little oxygen to survive.

Hopfen | Hop | *Humulus lupulus*

Ein Garten für das 21. Jahrhundert | A 21st Century Garden

VORFRÜHLING | EARLY SPRING

EIN SONNENKLARER TAG ENDE MÄRZ, die Krokusse öffnen sich und strahlen prall aus dem noch nicht voll entwickelten Grün des Rasens, drängen sich im Staudenbeet zwischen das alte Laub oder spitzeln sogar durch das eine oder andere Blatt hindurch. Es ist Vorfrühling, die hohe Zeit von Schneeglöckchen, Frühtulpen, Krokus und ersten Narzissen. Diese Zeilen schreibe ich am 28. Jänner 2012. Die Schneeglöckchen in meinem Garten sind aufgrund des bis dato milden Winters weit entwickelt, und die noch geschlossenen Blüten bimmeln im nun eiskalten Wind. Im Wetterbericht heißt es, dass die Quecksilbersäule in ein paar Tagen unter minus zehn Grad fallen und untertags den Gefrierpunkt nicht überschreiten werde. Also stehen uns sogenannte Eistage bevor. Abdecken mit Tannenreisern und Laub ist bitter nötig. Warum bleibt das Schneeglöckchen nicht im Boden? Es muss doch „wissen", dass Ende Jänner der Winter noch nicht aus ist. In all den Jahren der Evolution nichts gelernt? Das Schneeglöckchen braucht nur eine geringe Wärmesumme zum Treiben und Blühen. Phänologische Datenreihen zeigen uns, dass in den letzten drei Jahrzehnten die Blütezeit des Schneeglöckchens im Schnitt um zwei Wochen früher erfolgte als in den Jahrzehnten davor.

A CLEAR, SUNNY DAY AT THE END OF MARCH, the crocuses are opening and blaze out of the not fully developed green of the lawn, push into the border between the old foliage or even spear the odd leaf on their way up. It is early spring, the season of snowdrops, early tulips, crocuses and the first daffodils. I am writing this on 28 January 2012. The mild winter has allowed the snowdrops in my garden to develop well and the still closed flower buds are pealing in the icy wind. The weather report predicts temperatures below minus ten degrees centigrade within the next few days and no rise above zero during the day. So we shall have so-called ice days. The flowers badly need to be covered with fir twigs and leaves. Why do the snowdrops not stay in the ground? They must 'know' that winter is not over at the end of January. Haven't they learnt anything in all those years of evolution? Snowdrops only need little warmth to sprout and flower. Phenological data series tell us that within the last three decades snowdrops have, on average, flowered two weeks earlier than they used to.

Junge Hopfentriebe wachsen rasch und liefern ein erstes zartes, dem Spargel vergleichbares Wildgemüse. Die nicht verspeisten umranken bald unseren Zaun zum Nachbarn. Typisch für Hopfen ist seine genetisch verankerte Rankrichtung linksherum.
Young hop shoots grow fast and give us a tender, asparagus-like wild vegetable. Those we have not eaten soon climb along our fence to the neighbour. What is typical for hops is their genetically programmed habit of putting out tendrils to the left.

Die beiden alten Marillenbäume des Nachbargrundstücks spiegeln sich im Wasser des Schwimmteichs. Auch ohne Skimmer, Filter und Chemie ist sein Wasser klar. Die flache Regenerationszone funktioniert.

The two old apricot trees on the neighbouring plot are reflected in the water of the swimming pond. The water is clear, even without skimmer, filter and chemicals. The shallow regeneration zone works.

Pfingstrosen sind nicht nur in voller Blüte spektakulär. Diese ist sogar im Austrieb nicht zu übersehen. Sie lassen sich übrigens nicht gern umsetzen und blühen umso schöner, je älter sie sind.

Peonies are not only spectacular in full flower. This one is an eyecatcher even as a shoot. Peonies do not like to be moved and flower more beautifully the older they are.

Vorfrühling | 20. MÄRZ

SEIT DEM LETZTEN TERMIN IST NICHT VIEL WEITERGEGANGEN. Jetzt aber beginnen die Bäume und Sträucher auszuschlagen (1, 4, 6). „Ausschlagen" – welch ein unpassendes Wort für das Wunder des Austreibens und der Entfaltung.

Wie funktioniert nun aber dieses Wunder? Zwei Prozesse werden durch die steigenden Temperaturen in Gang gesetzt: einerseits die Bildung neuer Zellen in Teilungsgeweben, andererseits strecken sich diese Zellen und reifen bis zur endgültigen Größe und Gestalt heran. In unseren Breiten setzt das Streckungswachstum bei Temperaturen über plus fünf Grad Celsius ein. Ist diese Grenze überschritten, ergrünt der Garten, vor allem, wenn die Nachttemperaturen sich in dieser Größenordnung und darüber bewegen. Dann beginnt auch das Wachstum der Kräuter und Gräser. Sie überschatten bald die Moose (3), die während der konkurrenzfreien Zeit des Winters einen grünen Teppich zwischen den Halmen der Blütenpflanzen gebildet haben. Die weitere Entwicklung bis zur Blüte benötigt eine artspezifische Wärmesumme. Wie schnell diese erreicht wird, hängt vom Wetter ab.

> Wie funktioniert nun aber dieses Wunder?

Von Seiten der Medien gibt es im Frühjahr immer die gleichen Themen: ob das Schneeglöckchen heuer früher oder später blühe als sonst, ob die Pollen heuer nicht besonders aggressiv seien und dass man sich beim Bärlauchsammeln vor Verwechslungen hüten möge. Statt die Frühlingsboten zu preisen, warnt man vor Gift und Allergien und treibt zur Rasenpflege und zum Gänseblümchenköpfen.

Aber noch gehören die Rasen in sämtlichen Gärten den Krokussen (2, 5). Auch wir konnten uns der Faszination ihrer leuchtenden Farben nach der winterlichen Eintönigkeit nicht entziehen. Ihre Buntheit wirkt nicht nur auf Menschen. Manchmal fällt auf, dass besonders die gelben Krokusse regelrecht zerfetzt sind. Das waren Amselmännchen, die jetzt nicht nur zu singen beginnen, sondern auch wüste Kämpfe austragen. Offenbar erinnern die gelben Blüten sie an die Schnäbel ihrer Rivalen. Bei den heftigen Auseinandersetzungen nehmen sie natürlich keine Rücksicht auf die Blumen, die sogar selbst zum Angriffsziel werden können.

Begehrlichkeiten ganz anderer Art weckt der im Herbst blühende Safrankrokus. Seine gelben Stempelfäden sind ein höchst begehrtes Gewürz. Für ein Kilogramm müssen händisch an die 200 000 Blüten ausgezupft werden, ein Pflücker schafft nur 60 bis 80 Gramm pro Tag – kein Wunder, dass Safran eines der teuersten Gewürze der Welt ist. In Niederösterreich hatte Safrananbau eine lange Tradition seit dem Mittelalter, die im 19. Jahrhundert erlosch. Seit etwa 20 Jahren aber gibt es auf manchen alten Weinterrassen in der Wachau wieder Safrangärten.

(1)

(2)

(3)

20 MARCH | Early spring

NOT A LOT HAS HAPPENED SINCE THE LAST PHOTO SESSION. But now the trees and shrubs are beginning to bud and sprout (1, 4, 6), a miracle is unfolding.

How does this miracle work? The rising temperatures trigger two processes: on the one hand, new cells form in the meristematic tissues, on the other, these cells stretch and ripen into their final size and form. At our latitudes, this longitudinal growth starts when temperatures rise above five degrees centigrade. Once this line is crossed, the garden turns green, even more so if the night-time temperatures reach similar or higher levels. Then the herbs and grasses also start to grow. They provide shade for the mosses (3), which have formed a green carpet between the stalks of the flowering plants during their winter window of opportunity. Further development to flowering requires species-specific total warmth. How long that takes depends on the weather.

Each spring, the media cover the same topics: do the snowdrops flower earlier this year or later, are the pollen particularly aggressive this year, and beware of mistakes when collecting wild garlic. Instead of praising the harbingers of spring, they warn of poison and allergies and issue calls to care for your lawn and behead the daisies.

For now, though, the crocuses rule the lawns in all gardens (2, 5). We, too, are fascinated by their blazing colours after the winter monochrome. Their colourful brightness affects not only humans. Sometimes we notice that especially the yellow crocuses are almost shredded. This was done by the male blackbirds that start to sing about now but also stage wild fights. The yellow flowers seem to remind them of their rivals' beaks. In their fierce clashes, they do not care about the flowers, which may even become the object of their attacks.

The autumn-flowering saffron crocus arouses quite different desires. Its yellow stamen threads are a highly prized spice. To obtain one kilogram, you need to pull the threads off 200 000 flowers. One worker manages just sixty to eighty grams a day. No wonder then that saffron is one of the most expensive spices in the world. Lower Austria had a long tradition of growing saffron since the Middle Ages, which died out in the 19th century. In the last 20 years, however, saffron gardens have been established again on some old vineyard terraces in the Wachau area.

> How does this miracle work?

(4)

(5)

(6)

Vorfrühling | 20. MÄRZ

Junge Gierschblätter sind durchaus wohlschmeckend und eignen sich für Salate, Aufstriche, Wildgemüse oder Suppen. Der Nachschub ist nahezu unerschöpflich.
Young leaves of ground elder are quite tasty and work well in salads, spreads, wild vegetable side dishes and soups. The supply is endless.

Giersch | *Ground elder* | *Aegopodium podagraria*

20 MARCH | Early spring

Hochblätter umgeben den Blütenstand der Kornelkirsche, auch Dirndl genannt.
Die zart gelben Blüten sind nach den Haseln die ersten unserer Heckensträucher.
The flower head of the cornelian cherry is surrounded by bracts.
The pale yellow flowers are the first in the hedgerow after the hazel.

Kornelkirsche, auch Dirndl, Gelber Hartriegel | Cornelian cherry | *Cornus mas*

Mein Garten | My garden

Großblütige Krokusse leuchten wie bunte Ostereier auf der Wiese. Sie blühen später als ihre kleinen Verwandten, die sogenannten Botanischen Krokusse, die den Wildformen noch nahe sind.

Large crocuses stand out like coloured Easter eggs in the meadow. They flower later than their small relatives, the so-called botanic crocuses, which are close to the wild form.

Noch bevor die Honigbienen aktiv werden, sind Hummeln und Wildbienen unterwegs. Die Frühtulpen bieten ihnen willkommene Nahrung und, wenn sich die Blüten in den kalten Nächten schließen, auch einen sicheren Unterschlupf.

*Even before the honey bees become active, bumble bees and wild bees are on their way.
Early tulips offer them welcome nourishment and a safe refuge when the flowers close in the cold nights.*

Vorfrühling | 30. MÄRZ

ES IST DIE ZEIT DER GROSSEN KROKUSSE (1–3). Sie liefern als Erste Blumenfülle und Buntheit. Die Schneeglöckchen sind am Abblühen, der Wollige Schneeball hat schon Blätter angesetzt (4), die gelblich herüberleuchten, was in mir Erinnerungen an Tropenreisen weckt. Hält man zuerst bunte Farben im Regenwald für Blüten, stellt man bei näherer Betrachtung erstaunt fest, dass es junge, beblätterte Triebe sind, in Farben von Tiefweinrot bis Gelb. Das Phänomen der Laubschütte findet man bis in die japanischen Lorbeerwälder. Es ist an offene Knospen gekoppelt, denn geschlossene braucht es im dauerwarmen Klima der Tropen nicht. Warum aber hat der Schneeball offene Knospen, und warum erinnern die Blätter an Laubschütte, zumindest entfernt? Das ist schwer zu erklären. Eine Reminiszenz an die tropische Herkunft? Doch Ökologie ist die Lehre von den Ausnahmen. Inzwischen ist Lois am Teich und hat mir gar nicht zugehört. Die Iris (6) lockte ihn dorthin. Im Frühsommer werden ihre gelben Blüten das Ufer zieren. In den letzten Jahren hat sie sich ausgebreitet.

Ist der Vorfrühling schon vorbei? Nein, lassen uns die Spalierbirnen an der Hauswand wissen. Sie haben zwar reichlich Blütenknospen angesetzt, aber noch sind sie nicht aufgeblüht (5). Unschärfen sind typisch für die Lebewelt. Pflanzen kennen weder Lineal noch Präzisionsuhr. Ihre Welt besteht aus „mehr oder weniger, ungefähr, in etwa". Ich schaue auf das Birnenspalier und bestimme: Es ist noch Vorfrühling. Die Nächte können noch sehr frostig sein, und Lois braucht eine Isoliermatte. Nun, er kann sich einen warmen Platz suchen, wurzelnde Pflanzen können das nicht. Der kalte Boden hemmt ihre Entwicklung. Die Gräser würden es sicher schätzen, eine wärmende Heizungsschlange an den Füßen, sprich, an den Wurzeln zu haben, wie der Spargel im Marchfeld.

Die Wurzeln, das unbekannte Wesen. Ihre Funktionen sind vielfältig: von der Verankerung des Sprosses im Boden über die Wasser- und Nährstoffaufnahme bis zum komplexen Zusammenspiel mit Mikroben und Pilzen. Wurzeln leben, was lebt, atmet, und Atmung ist temperaturabhängig. Kalte Wurzeln im Boden, oben von der Sonne gewärmte Sprosse und Blüten sind ein Gegensatz, der zum Alltag der Pflanzen gehört.

Aber zurück zur Erdoberfläche, zu den Krokussen. Traudl wollte ursprünglich nur „Botanische", die noch fast ident mit den Wildformen sind. Große Krokus-Züchtungen seien kitschig. Irgendwann bröckelte ihr Widerstand, und die bunte Krokuswiese hat sie gepflanzt. Eines der vielen vom Garten ausgehenden „ehelichen Zerwürfnisse" war wieder einmal beigelegt und schließlich: Krokuswiesen gibt es in der Natur ebenfalls. Der weiße Frühlingskrokus kann beispielsweise in den Alpen dichte Bestände bilden, die aussehen, als sei der Schnee dort noch gar nicht geschmolzen. Die wesentlich selteneren lila Blüten fallen erst bei genauem Hinsehen auf.

> Pflanzen kennen weder Lineal noch Präzisionsuhr.

(1)

(2)

(3)

30 MARCH | Early spring

IT IS THE TIME OF THE LARGE CROCUSES (1–3). They are the first to provide abundant flowers and colour. The snowdrops are finishing, the wayfaring tree has sprouted leaves (4) that glow in shades of yellow and remind me of travels in the tropics. At first you take the flashes of colour in the rainforest for flowers, on closer inspection you find to your amazement that these are young shoots with leaves, in colours ranging from deep burgundy to yellow. The phenomenon of leaf flush can be found all the way up into the Japanese laurel woods. It is linked to open buds, closed buds are not needed in the permanently warm climate of the tropics. But why does the wayfaring tree have open buds and why do its leaves perform something reminiscent of leaf flush? This is hard to explain, a reminder of its tropical origins? Ecology is the teaching of exceptions. Meanwhile, Lois has reached the pond and stopped listening. The yellow flag (6) has drawn him there. In early summer, its yellow flowers will decorate the banks. It has spread in recent years. Is early spring over already? No, according to the espalier pears on the wall of the house. They have put out plenty of flower buds but not opened them yet (5). Fluent transitions are typical of wildlife. Plants know neither ruler nor precision clock. Their world goes by 'more or less, roughly, approximately'. I look at the espalier pear and decide it is still early spring. The nights can still be quite frosty and Lois needs an insulation mat. Well, he can move to a warm spot, rooting plants can't. The cold ground hampers their development. The grasses would surely appreciate a warming under-floor heating at their roots as the one used for the asparagus in the Marchfeld region.

> **Plants know neither ruler nor precision clock.**

Roots, the unknown feature. Their functions are diverse, from anchoring the shoot in the ground to capturing water and nutrients to complex interaction with microbes and fungi. Roots live, everything that lives, breathes and breathing is related to temperature. Cold roots in the ground, sun-warmed shoots and flowers above ground are an everyday contrast for plants.

Back to the surface, to the crocuses. Initially, Traudl wanted to have only 'botanic' ones, which are almost identical to the wild forms. She found large hybrids kitschy. At some point, her resistance crumbled and she planted the blazing crocus meadow. So was one of the many garden-inspired altercations settled. Moreover, crocus meadows do exist in the wild. In the Alps, the white spring crocus can form dense stands that look as if the snow had not melted there. Only on close inspection do you spot the much rarer purple flowering ones.

(4)

(5)

(6)

Mein Garten | My garden

Ich mähe unsere Wiese erst Ende Mai zum ersten Mal, damit die Krokusblätter ungestört einziehen können und die Frühlingsboten nächstes Jahr wieder blühen. Sonst würden sie förmlich verhungern.

I don't mow our meadow until the end of May to let the crocus leaves draw in comfortably so that these harbingers of spring may flower again next year, otherwise they would starve.

Vorfrühling | 30. MÄRZ

*Die Farben dieses Krokus sind regelrechte Leuchtsignale für die bestäubenden Bienen.
Allerdings sehen diese anders als Menschen. Nur die Farbe Blau ist für beide gleich.*
*The colours of this crocus are veritable flares for the pollinating bees.
The bees see colour differently from humans. Only the colour blue is the same for both.*

Frühlings-Krokus, spät blühende, große Gartensorte | *Spring crocus, late-flowering large* cultivar | *Crocus vernus* cultivar

30 MARCH | Early spring

Da Bienen im Gegensatz zu Menschen auch ultraviolettes Licht erkennen können, sehen sie oft Farbmuster auf Blüten, die für Menschen einfarbig wirken.
Since bees, unlike humans, can see ultraviolet light, they often make out coloured patterns on flowers that are monochrome to humans.

Frühlings-Krokus, spät blühende, große Gartensorte | *Spring crocus, late-flowering large* cultivar | **Crocus vernus** cultivar

Nicht immer ist es Tau, was so aussieht. Die morgendlichen Wassertropfen an Gräsern sind oft Ergebnis von sogenannter Guttation, mit der Pflanzen ihren internen Wasserstrom aufrechterhalten können.

Dew is not always what it seems. The morning drops on grasses often are the result of so-called guttation, an ability of plants to maintain their internal flow of water.

Frühtulpe Gartensorte | *Tulip* cultivar | *Tulipa* cultivar

Narzissen Gartensorte | *Daffodils* cultivar | *Narcissus* cultivar

EXKURS | EXCURSUS 1

GEOPHYTEN

EIN BAUM IST KEIN STRAUCH, EIN STRAUCH KEIN KRAUT. So banal das klingt, wir berühren damit eine der zentralen Fragen der Pflanzenökologie, die bereits Alexander von Humboldt beschäftigte. Es geht um die Hypothese, dass zwischen Umweltbedingungen und Eigenschaften eine enge Beziehung besteht. In anderen Worten, dass die Großlebensräume der Erde, die feuchten Tropen, die trockenen Wüsten und Halbwüsten, die mittleren Breiten mit ihren Laubwäldern und schließlich die polaren Tundren durch Garnituren von Arten ausgezeichnet sind, die gleiche oder ähnliche Eigenschaften besitzen, um mit Feuchte, Trockenheit, Kälte, Platzmangel und magerem Boden fertigzuwerden. Diese Eigenschaften, die man als Anpassung deuten kann, können Gestaltmerkmale sein wie Blattgröße oder Blütenform, physiologische wie Empfindlichkeit gegenüber Kalk oder sauren Substraten oder auch anatomische wie die schwammigen Gewebe in den Wurzeln von Sumpfpflanzen.

Der kleine Gelbstern umseitig ist ein Wildling, der vor Jahren unterm Marillenbaum spontan aufgekommen ist und zu den klassischen Lebensformen der Frühjahrsflora zählt. Es handelt sich bei ihm um eine Zwiebelpflanze wie Schneeglöckchen, Blaustern, Schneestolz, Tulpen, Narzissen, Bärlauch. Allgemein formuliert gilt: Sie besitzen unterirdische Speicherorgane, die im Boden den Winter überleben. Zeitig im Frühjahr treiben sie aus, blühen und fruchten, ziehen sich ab dem Spätfrühling wieder zurück und verbringen schließlich den Herbst und – wie schon erwähnt – den Winter unterirdisch. Durch meist attraktive, ausdauernde Blüten werden die noch wenigen Bestäuber attraktiviert. Die sich nach der Blüte voll entwickelnden Blätter versorgen die Zwiebel, Knollen oder Rhizome mit Nährstoffen. Es sind nicht nur, wie oben aufgezählt, Lilienverwandte, die wie der Gelbstern diese Eigenschaften zeigen, sondern zum Beispiel auch Lerchensporn-Arten, die mit den Lilien nicht verwandt sind. Sie alle repräsentieren die Lebensform des Geophyten. Sie nutzen bei uns die helle Frühjahrsphase als Anpassung an den Waldstandort. Alles klar? Mitnichten: Die Mittelmeerländer sind Geophyten-Hotspots, besonders artenreiche und attraktive Geophytenfloren findet man dort nicht so sehr in Wäldern, sondern in den Bergen, auf Schutthalden und im Felsrasen. In den Subtropen mit Regen- und Trockenzeiten, aber auch im Mittelmeergebiet kommt dann noch Feuer ins Spiel. Reichliche Blüte und Wachstum durch die nährstoffreiche Asche sind das Resultat eines ausgedehnten Brandes. Woran sind Geophyten nun angepasst? An Feuer, an den Laubfall, ans Dürre-Überstehen? Gemeinsam ist den genannten Arten die Bindung an Gebiete mit strenger Saisonalität. Wie weiter? Ich frage den Gelbstern, früher im Schatten des Marillenbaumes, jetzt voll besonnt. Er steht immer noch am gleichen Fleck, vermehrt sich nicht. *Ubi bene, ibi patria*, meint er. Evolution und die ganze Aufregung um Darwin seien ihm wurscht.

GEOPHYTES

A TREE IS NOT A SHRUB, A SHRUB NOT A HERBACEOUS PLANT. As banal as this may sound, it touches on a central issue of plant ecology that Alexander von Humboldt was already grappling with. This is the assumption of a close connection between environmental conditions and species characteristics. In other words: the macro-habitats of the world, i.e. the humid tropics, the dry deserts and semi-deserts, the mid-latitudes with their deciduous forests and, lastly, the polar tundras, are inhabited by groups of species with the same or similar characteristics that allow them to cope with humidity, drought, cold, lack of space and meagre soil. These characteristics, which we can interpret as adaptation, may take on an external form, such as leaf size or floral form, a physiological one, such as sensitivity to lime or to acidic substrates, or an anatomical one, such as the spongiform tissues in the roots of swamp plants.

The little yellow star-of-Bethlehem on the reverse page is a wild plant that sowed itself under the apricot tree years ago and belongs to the classic life forms of the spring flora. It is a bulbous plant, like snowdrop, scilla, glory-of-the-snow, tulip, daffodil, wild garlic. In general, these have subterraneous storage organs that survive the winter underground. Early in spring, they sprout, flower and set fruit; from late spring onwards, they withdraw again and stay underground through autumn and winter. The often attractive, long-lasting flowers draw the few pollinators. After flowering, the leaves develop fully and supply the bulb, tuber or rhizome with nutrients. These characteristics are not restricted to relatives of the lilies, such as the ones listed above, but also for instance the corydalis varieties, which are not related to the lilies. They all are geophyte life forms. In our country, as an adaptation to a woodland habitat, they use the bright spring phase. Obvious? By no means. The Mediterranean countries are geophyte hotspots. There, the particularly varied and attractive geophyte vegetation is not found so much in the woodlands but in the mountains, on screes and rocky grassland. In the subtropics, with their rainy and dry seasons, but also in the Mediterranean, fire is another factor. A large fire results in rich flowering and growth on the nutrient-rich ashes. So what are the geophytes adapted to? To fire, to leaf fall, to surviving a drought? What all species mentioned have in common is their attachment to areas with strict seasonality. What else? I ask the yellow star-of-Bethlehem, formerly growing in the shade of the apricot tree, now in full sun. It is still in the same place and does not self-seed. It answers: *Ubi bene, ibi patria*. Home is where I prosper. It does not care about evolution and all this fuss about Darwin.

Bitterorange | *Trifoliate orange* | *Poncirus trifoliata*

ERSTFRÜHLING | MID-SPRING

ERSTE MARILLENBLÜTEN LEITEN ÜBER ZUM ERSTFRÜHLING, wie ihn die klassische Phänologie nennt. Der Marille folgen Kirsche, Pflaume, Zwetschke und Pfirsich, im Beerengarten die unscheinbaren Blüten der Stachelbeere, später Johannisbeere. Die Blumenbeete quellen über von Tulpen, Narzissen, im Rasen leuchten die großen Krokusse. Der schmerzende Rücken beim Setzen der Zwiebeln und Knollen ist vergessen. Ich lasse diese nach der Blüte im Boden, und die Ausfälle, besonders bei den Tulpen, können groß sein. Sie fallen Wühlmäusen und sonstigem Getier zum Opfer, werden unter den Stauden zu sehr beschattet oder schrauben sich einfach so tief in den Boden, dass es im nächsten Frühjahr nur noch die Blätter nach oben schaffen. Pro Jahr setzen wir über tausend Zwiebeln neu. Gruß an die Produzenten – ich bin ein guter Kunde. Diese Strategie hat den Vorteil, dass man die Vielfalt des Sortiments jedes Jahr neu mischen kann.

Zwischen den vertrauten Blütenkugeln der Kirschen, Marillen, Pflaumen und Schlehen wirkt die Bitterorange mit ihren grünen bedornten Zweigen ausgesprochen exotisch. Sie ist ein Zitrusgewächs, im Gegensatz zu ihren Verwandten aber frosthart. Noch ist der Klimawandel nicht so weit fortgeschritten, dass wir Orangen und Zitronen einfach in den Garten pflanzen könnten. Sie sind an Kübelpflanzung gebunden. Die Bitterorange ist die einzige Alternative im Freien. Leider sind die Früchte ungenießbar, duften aber intensiv und köstlich.

THE FIRST APRICOT BLOSSOMS LEAD ON TO MID-SPRING as it is called in classic phenology. It is followed by cherry, plums and peach, and in the berry patch by the inconspicuous flowers of the gooseberry, later the currant. The borders overflow with tulips and daffodils, the large crocuses glow in the lawn. The back pain from planting the bulbs and tubers is quite forgotten. I leave them in the ground after flowering and the losses, particularly with the tulips, can be substantial. They become prey to voles and other animals, get too much shade under the perennials or are pulled into the ground so deeply by their roots that next spring only their leaves make it above ground. We plant more than a thousand new bulbs every year. The growers are happy, I am a good customer. This strategy has the advantage that you can remix the varieties anew each year.

Between the familiar flowering globes of cherry, apricot, plum and sloe, the trifoliate orange with its green-thorned branches looks quite exotic. It is a citrus plant but, unlike its relatives, frost-hardy. Climate change has not progressed far enough for oranges and lemons to grow in our garden. They must remain in pots. The trifoliate orange is the only garden alternative. Unfortunately the fruit is inedible but the scent is strong and delicious.

Im Umgang mit Bitterorangen ist eine gewisse Vorsicht geboten, denn sie sorgen mit ihren beeindruckend großen und spitzen Dornen für Abstand. Trotzdem schaffen es unsere Katzen problemlos, darüber auf unseren Balkon zu klettern.

Handling trifoliate orange trees requires caution. They hold everything at bay with their large and sharp thorns. And yet, our cats manage to climb over them effortlessly onto our balcony.

Als erste Bäume blühen die Marillen trotz Spätfrostgefahr, sobald die nötige Wärmesumme erreicht wird. Kein Wunder, dass diese Risikofreude nicht immer mit Befruchtungserfolg belohnt wird.

The apricot is the first tree to flower as soon as the required total warmth is reached, despite the danger of late frosts. No wonder that this daring is not always rewarded with success in setting fruit.

Erstfrühling | 3. APRIL

*An der Südwand des Hauses habe ich zwei Birnen als Spalier gezogen.
Mir macht es Spaß, zu beweisen, dass ich auch „klassisch" gärtnern kann.*
On the south-facing wall of the house, I have trained two pear trees as espaliers.
I enjoy demonstrating that I can also garden in the 'classic' manner.

Birne Gartensorte | *Pear* cultivar | ***Pyrus communis*** cultivar

3 APRIL | Mid-spring

Narzissen enthalten giftige Alkaloide und werden von den Wühlmäusen verschmäht. Das verbessert die Überlebensrate der Zwiebeln beträchtlich.
Daffodils contain poisonous alkaloids that deter voles.
This improves the survival rate of the bulbs considerably.

Großblumige Narzissen, auch Osterglocken Gartensorte | *Large daffodils* cultivar | *Narcissus* cultivar

Mein Garten | My garden

Die in den iranischen Bergen heimische Persische Kaiserkrone bringt Exotik in unseren Frühlingsgarten. Sie ist mit unseren Schachbrettblumen nah verwandt.

The Persian fritillary from the Iranian mountains brings a touch of the exotic into our spring garden. It is a close relative of our native fritillaries

Erstfrühling | 3. APRIL

EIN PAAR SCHÖNE, WARME TAGE und der Vorfrühling hat dem sogenannten Erstfrühling Platz gemacht. Es ist die Zeit der Obstbaumblüte, beginnend in meinem Garten mit Marille (1), später Kirsche, Pfirsich, Birne und Zwetschke. Und dann sind da noch die Beerensträucher, die Johannis- und Stachelbeeren, und – nicht zu vergessen – die Wildlinge in den Hecken, die das Grundstück abgrenzen. Luftige weiße Blütenkugeln schmücken die Schlehen. Von ähnlichem Reiz sind die Mirabellen, die ich der Kulinarik wegen in die untere Hecke gepflanzt habe. Weißdorn, Holunder blühen noch nicht, vermitteln aber mit ihren saftig-grünen Trieben Frühling pur. Das ist noch nicht alles, lasse ich Lois wissen. Beim Werkzeugschuppen, eingezwängt zwischen Johannisbeere und Holunder, wächst eine Blaue Heckenkirsche, die unserer heimischen Unterart in den Zirbenwäldern der Zentralalpen ähnelt, aber von Selektionen aus Kamtschatka stammt. Sie blüht brav. Im Mai letzten Jahres, als sie eigentlich zum ersten Mal hätte Beeren tragen sollen, kam die große Enttäuschung. Der Busch, nicht viel höher als hüfthoch, ist taub, keine hellblauen Früchte wie erhofft. Irgendwann werde ich doch eine zweite kaufen müssen, zwecks Fremdbestäubung.

Lois, begeistert von der Blütenorgie, fühlt sich fast überfordert. Die Vielfalt schreckt ihn, und dabei sind wir noch nicht einmal mit den Gehölzen fertig. Da wäre noch die Felsenbirne am oberen Zaun. Sie kommt gerade voll in Blüte. Sie war ein Geschenk zu meinem 50. Geburtstag. Ein kleines Bäumchen war es damals. An den Ästen hingen Bierflaschen, und das Ganze war etikettiert als „Felsenbierne". Dann wäre da noch die Zwergmandel, ein dunkelrosa Kleinbusch. Lois zwängt sich dazu und bekommt unmittelbar die Dornen der Bitterorange zu spüren. Deren Blüten haben sich noch nicht geöffnet, lassen aber erahnen, dass hier bald die Blüten mit dem reinsten Weiß sprießen werden.

Zur überschäumenden Pracht der Obstbäume kommt in den Rabatten und Grünflächen das leuchtende Gelb der Osterglocken (4, 5) dazu, durchsetzt und vermischt mit frühen Tulpen (2) und Traubenhyazinthen (3). Unter dem Holunder sind die Leberblümchen sozusagen voll in Betrieb. Lois weiß nicht, wo er sich hinwenden soll. Am spektakulärsten erscheint die Persische Kaiserkrone. Unser Bild hier entstand aber vor einem Jahr. Heuer haben ihre Zwiebeln zwar den letzten Winter überlebt, aber keinen Blühtrieb gebildet. Die schwarze Blume hatte jedenfalls Lois mit allem anderen so beeindruckt, dass die Idee zum Buchprojekt entstand. Die einheimische Verwandte der dunklen Schönheit, die Schachbrettblume, ist ebenfalls eine bemerkenswerte Pflanzengestalt, wenn auch viel kleiner. Ihre einzelnen dunkelvioletten, selten auch weißen Blüten sehen aus wie hängende Tulpen und sind, wie der Name sagt, schachbrettartig gemustert. Sie ist so selten, dass ihr Wuchsort in Österreich regelrecht zum Wallfahrtsort für Botaniker geworden ist.

> Zur überschäumenden Pracht der Obstbäume kommt in den Rabatten und Grünflächen das leuchtende Gelb der Osterglocken.

(1)

(2)

(3)

3 APRIL | Mid-spring

A FEW NICE WARM DAYS and early spring has given way to the so-called mid-spring. It is the time of the fruit tree blossom, in my garden starting with apricot (1), followed by cherry, peach, pear and plum. Plus, of course, the berry bushes, the currants and gooseberries, not to forget the wild plants in the hedgerows at the boundaries of the plot. Airy white globes of florets adorn the sloes. Similarly attractive are the mirabelle plums that I have planted into the lower hedge for culinary reasons. Hawthorn and elder are not flowering yet but their juicy green shoots shout: Spring! I tell Lois that this isn't all. By the tool shed, squashed in between currant and elder, grows a blue honeysuckle, which resembles our native subspecies in the arolla pine forests of the Central Alps but actually comes from selections in Kamchatka. It flowers well, but last May, when it should have born berries for the first time, we had a great disappointment. The shrub, which only grows to about hip-high, did not carry any of the hoped-for light-blue berries. Some day I must buy a second plant for cross-pollination.

Lois, totally enthusiastic for this orgy of blossoms, is almost overpowered by it. The diversity intimidates him and we have not even finished with the wooded plants. Take the snowy mespilus at the upper fence that is just coming into bloom. It was a 50th birthday present, a tiny tree then, its branches adorned with beer bottles and a label with a pun on its German name 'rock pear/beer'. Then there is the dwarf Russian almond, a small, deep-pink shrub. Lois squeezes in and gets to know the thorns of the trifoliate orange at close range. Its buds have not opened yet, but you can already tell that soon there will be blossoms here in purest white.

The voluptuous splendour of the fruit trees is complimented in the borders and the lawn by the yellow daffodils (4, 5), interspersed and mixed with early tulips (2) and grape hyacinths (3). Below the elder, the blue liverwort is in full swing. Lois does not know where to turn first. The Persian fritillaries seem the most splendid of flowers. The photograph here, however, is from the year before. This year, the bulbs survived the winter but did not produce any flowering shoots. The black flower, together with all the others, initially impressed Lois so deeply as to plant the idea of the book project in his head. *Fritillaria meleagris*, our native relative of the dark beauty, is another striking if much smaller plant. Its solitary flowers in dark purple, occasionally also in white, look like hanging tulips with a chessboard pattern. It is so rare that its Austrian native stands have become something like places of pilgrimage for botanists.

The voluptuous splendour of the fruit trees is complimented in the borders and the lawn by the yellow daffodils.

(4)

(5)

Mein Garten | My garden

Der Kirschbaum ist ein Prachtexemplar. Im Sommer trägt er knackig-saftige Herzkirschen. Es soll ja Leute geben, die wegen der Würmer keine Kirschen essen. Wir gehören nicht dazu.

The cherry tree is a fine specimen. In summer it bears luscious, juicy, heart-shaped sweet cherries. I hear there are people who do not eat cherries for fear of maggots. We do not hold with that.

> Was ist also typisch für Rosengewächse? Sie sind „polyandrisch", was nichts anderes heißt als „vielmännig".

WAS SICH AM 3. APRIL ANSCHICKTE ZU ENTWICKELN, hat sich in nur einer Woche zur vollen Pracht entfaltet (1). Der große Kirschbaum ist über und über voll mit weißen Blüten (2), und die kleinen Pfirsichbäumchen mit ihren tiefrosa Blüten schaffen eine geradezu wundersame Atmosphäre. Lois hat es der Pfirsich vor dem Küchenfenster angetan, und das Resultat sind beeindruckende Nahaufnahmen. Die Einzelblüte (Seiten 124/125) gefällt mir besonders, und ich könnte mich jetzt einfach in die Schönheit des Bilds vertiefen und schweigen. Nein, kann ich nicht. Wie war das mit der Feststellung, dass ich meine Vorlesungen im Garten hätte halten können? Lois wird mein Opfer. Pfirsich, Marille, Kirsche, Birne, aber auch die wilde Felsenbirne, ja, sogar die Erdbeere, die Himbeere und Brombeere, alles seien Rosengewächse, und wir hätten dieser braven dekorativen Familie ohne Giftpflanzen, dafür aber zahlreichen Arten, die von Nutzen sind, viel zu verdanken. Unsere Obstteller wären fast leer ohne deren Früchte. Dazu braucht es einen Bestäuber, bei den Rosen sind das meist Bienen, aber auch Käfer, Fliegen und viele andere können sich daran beteiligen.

Was ist also typisch für Rosengewächse? Sie sind „polyandrisch", was nichts anderes heißt als „vielmännig". zahlreiche Staubgefäße, besser Staubblätter oder Stamina, umgeben das „Weibchen" mit den Fruchtknoten und dem Griffel. In diesem Fall besteht der Fruchtknoten aus nur einem Fruchtblatt, aus dem eine Kirsche, eine Zwetschke und eben ein Pfirsich entstehen wird. Allesamt sind es Steinfrüchte. Den Stein, den Pfirsichkern, trage ich nach Verzehr des Fruchtfleischs meist einmal in der Hand und hoffe auf das Erscheinen eines Papierkorbs. Im Garten ist es da einfacher. Man spuckt ihn einfach aus. Auf diese Weise schaffen wir selbst oder mit Hilfe unserer Gäste eine wohl aufgebaute Population mit erwachsenen Bäumen, und darunter alle Altersstufen, was bei unseren Pfirsichen besonders sinnvoll ist, da ihre Lebensspanne für Bäume ungewöhnlich kurz ist.

Unsere „Spuckpfirsiche" sind im ganzen Garten verteilt. Nicht selten stehen sie im Weg und weisen permanent auf ihre enorme Regenerationskraft hin. Ohne lenkende Hand wäre angesichts der vitalen Nachkommensentwicklung auch der verschiedenen Gebüsche in fünf Jahren alles zugewachsen. Die Bergenien (4) und Narzissen (3) wären nicht mehr zu sehen, die Schlüsselblumen (5) in der Böschung ebenso. Insofern habe ich keine Sorge, dass mit dem Klimawandel die Natur zugrunde geht. Das ist eben der Vorteil der Vielfalt. Mit den Schlüsselblumen ist das übrigens so eine Sache. Eigentlich sind sie nicht anspruchsvoll und an magere Kost angepasst, aber gerade das ist heutzutage ihr Problem. Werden die Wiesen intensiv gedüngt, können sie mit der Konkurrenz derer, die den Stickstoff besser umsetzen können, etwa der Gräser, nicht mithalten und verschwinden. So werden die bunten Wiesen selten.

10 APRIL | Mid-spring

WHAT JUST STARTED TO DEVELOP ON 3 APRIL has unfolded into full splendour in just one week (1). The large cherry tree is totally covered in white blossoms (2) and the little peach trees with their deep pink blossoms create a magic mood. Lois is particularly taken with the peach tree in front of the kitchen window, which results in impressive close-ups. I like the floret (page 124/125) best and could simply meditate on the beauty of this image and shut up. No, I can't. What was this about 'could have held my lectures in the garden?' Lois becomes my victim. We owe much to peach, apricot, cherry, pear, but also to the wild snowy mespilus, to strawberry, raspberry and blackberry. They all belong to the rose family, which includes many decorative and useful species but no poisonous plants. Our fruit bowl would be almost empty without them. First it needs a pollinator, though, mostly bees for the roses, but also beetles, flies and many others.

So what is typical for the rose family? Its species are polyandrous, which means 'multi-male'. Many stamen surround the 'female' with its ovary and style. In this case, the ovary consists of just one carpel, out of which a cherry, a plum or a peach will grow. All of them are stone fruit. After eating a peach, I carry the stone in my hand for a while and hope to spot a bin. In the garden it is easier, you just spit it out. In this way, we and our guests produce a healthy population, with adult trees and below them young ones of all ages, which is particularly helpful with our peaches as these trees are unusually short-lived.

Our 'spitting peaches' are distributed all over the garden. Quite often they are in the way, a permanent reminder of their enormous power of regeneration. Without some control, and given the robust reproductive habit of the shrubs as well, everything would be completely overgrown within five years. You would no longer be able to see the elephant's ears (4) or the daffodils (3), nor the cowslips (5) in the bank. I have no worries about nature dying out with climate change. This is the advantage of diversity. The cowslips are a special case. In principle, they are not demanding and adapted to meagre soil, but today this is precisely their problem. If the meadows are intensively fertilized, the cowslips fall behind competitors that are better able to use the nitrogen, like, for instance, the grasses. The cowslips then disappear and colourful meadows become rare.

> So what is typical for the rose family? Its species are polyandrous, which means 'multi-male'.

(1)

(2)

(3)

(4)

(5)

Mein Garten | My garden

Erstfrühling | 10. APRIL

Es ist schon warm genug, um es sich auf der Holztreppe gemütlich zu machen, während ich die Notizen ins Diktafon spreche.
It is already warm enough to sit out on the wooden steps while speaking these notes into the Dictaphone.

Narzissen und Tulpen Gartensorten | *Daffodils and tulips* cultivars | **Narcissus**, **Tulipa** cultivar

10 APRIL | Mid-spring

Ein einfarbiges Exemplar einer Garten-Bänderschnecke ist am glatten Stamm eines jungen Weinbergpfirsichs hinaufgekrochen.
A monochrome specimen of the banded snail has crept up the smooth stem of a young vineyard peach tree.

Pfirsich 'Weinbergpfirsich' | *Vineyard peach* | ***Prunus persica*** 'Weinbergpfirsich'

So klein die Früchte der Weinbergpfirsiche sind, so groß und prächtig sind ihre Blüten.
Sie hätten ähnliche Popularität verdient wie die Kirschblüte in Japan, an die mich dieses Bild erinnert.

While the fruits of the vineyard peach trees are small, their blossoms are large and magnificent.
They deserve similar popularity to the cherry blossom in Japan, which this photograph reminds me of.

Unseren Erfahrungen nach haben die Kaiserkronen den Ruf, Wühlmäuse zu vertreiben, zu Unrecht. Wahrscheinlich müsste man einen ganzen Kordon um den Garten herum pflanzen. Aber schön sind sie.

In our experience, fritillaries do not live up to their reputation of repelling voles. You would probably have to plant an entire cordon around the garden to achieve that effect. But they are beautiful.

Pfirsiche betreiben wie alle Rosengewächse „Vielmännerei". Wissenschaftlich nennt man das „polyandrische Blüten", und es bedeutet, dass zahlreiche Staubblätter ausgebildet werden.

*Like all plants of the rose family, peaches are 'polyandrous'.
What scientists mean by this is that they form numerous stamens.*

Erstfrühling | 10. APRIL

*So etwa sehen die Stammformen unserer Gartentulpen aus.
Ihr Verbreitungszentrum sind die Gebirge des Nahen Ostens bis in den Kaukasus.*
*This is close to what the original form of our garden tulips looks like.
They occur through the mountains of the Middle East into the Caucasus.*

Tulpe Wildform | *Tulip, wild form* | **Tulipa praestans**

Die Blüten der Bitterorange haben – genau wie ihre vergleichsweise kleinen Früchte – den typischen Zitrusduft. Trotzdem sind Bitterorangen nicht essbar.
The blossoms of the trifoliate orange as well as its relatively small fruit have the typical citrus aroma, but the oranges are inedible.

Bitterorange | *Trifoliate orange* | **Poncirus trifoliata**

EXKURS | EXCURSUS 2

BLÜHZEITEN

DASS MARILLEN VOR DEN ÄPFELN BLÜHEN, WEISS JEDER, zumindest im Marillenland. Aber warum ist das so? Grundsätzlich brauchen Pflanzen Licht, Wasser, Nährstoffe und ein geeignetes Temperaturklima zum Leben. Letzteres bestimmt die Grenztemperaturen und den Optimalbereich. Unsere Obstbäume blühen jedes Jahr, manches Mal weniger, dann gibt es wieder Fruchtjahre. Diese unregelmäßige Reproduktion ist bei Arten in stressbetonten Lebensräumen bis ins Extrem getrieben. Ich darf hier eine meiner Forschungsleistungen erwähnen, denn ich war der Erste, dem auffiel, dass die dichte Rasen bildende Krummsegge der Hochalpen, eine Art Gras, Klonsysteme entwickelt, die hunderte, wenn nicht sogar tausende Jahre alt werden. Aufs Blühen und Fruchten hat diese Pflanze inzwischen fast „vergessen". Für sie sind Blüten ein echter Luxus, den sie sich sozusagen nur gönnt, wenn die Bedingungen einmal außerordentlich günstig sind. Das andere Extrem sind die Unkräuter oder Pflanzen, die an stark wechselnde Umweltbedingungen angepasst sind, wie etwa an seltene Regen in der Wüste, oder die in Lehmpfützen wachsen, die schnell austrocknen. Sie verfolgen eine andere Strategie. Ihr Lebenszyklus ist ausschließlich auf die Fortpflanzung über Samen ausgerichtet, und daher blühen sie innerhalb weniger Wochen oder gar nur Tagen Lebenszeit. Ein spezielles Phänomen ist die sogenannte Notblüte bei krassem Mangel, die eine Überlebenschance sichert, auch wenn das Individuum abstirbt, weil es beispielsweise gemäht oder abgerissen wird. Fragen sie sich einmal, woher die vielen Samen im Kompost kommen.

Zwischen diesen Extremfällen liegen unsere Gartenpflanzen. In welcher Reihenfolge die verschiedenen Arten im Frühjahr ihre Knospen öffnen, ist genetisch fixiert. Buchen sind immer später dran als Ahorne. Wobei die Nachtlänge als Zeitgeber fungiert. In anderen Worten: Frühaufsteher bleibt Frühaufsteher, und Langschläfer bleibt Langschläfer. Die Nachtlänge gibt also den Zeitrahmen vor. Das genaue Datum des Austriebs ist aber temperatur- und damit witterungsabhängig. Ist die jeweils „erforderliche" Wärmesumme erreicht, beginnt die Blüte.

Es gibt bestimmte Muster im Wetterablauf eines Jahres oder auch längerfristig wie das „El Niño"-Phänomen, das etwa alle fünf Jahre zu „abnormalen" Bedingungen im pazifischen Raum führt und über Meeresströmungen auch die Witterung der Nordhalbkugel beeinflussen soll. Phänomene dieser Art sind wohl die Wurzeln für die vielen Bauernregeln und Lostage. Ein Beispiel: „Blüht die Esche vor der Eiche, hält der Sommer große Bleiche, blüht die Eiche vor der Esche, hält der Sommer große Wäsche." Meine Lieblingsregel habe ich selbst aufgestellt: „Brauchst du den Acker nicht zum Leben, musst nicht nach Perfektion du streben."

FLOWERING TIMES

EVERYONE KNOWS THAT APRICOT TREES FLOWER BEFORE APPLE TREES, at least in apricot country. But why is it so? Basically, what plants need to live is light, water, nutrients and a suitable temperature climate. The latter determines the temperature limits and the optimum temperature. Our fruit trees flower every year, sometimes less fully, then again abundantly. This irregular reproduction takes on extreme forms with species in stressful habitats. Let me refer to one of my own researches: I was the first to notice that the alpine sedge *Carex curvula*, a type of grass at high altitudes that forms dense swards, develops clone systems that can live to hundreds, if not thousands of years. This plant has almost 'forgotten' about flowering and fruiting. Flowers are a real luxury that it will only indulge in if the conditions are extraordinarily favourable. On the extreme opposite end of the spectrum, we find weeds and plants adapted to severe changes in environmental conditions, such as rare rainfall in the desert or plants growing in loamy puddles that dry up quickly. They pursue a different strategy. Their life cycle is geared exclusively towards procreation through seeds, so they flower within a lifespan of a few weeks or even days. A special phenomenon is the so-called emergency flowering under conditions of crass deficiency. It secures a chance of survival even if the individual dies, be it because it is mown or pulled up. Ask yourself where all the many seeds in your compost come from.

Our garden plants fall between these extremes. The sequence of the different species to open their buds in spring is genetically determined. The beeches are always later than the maples and they take their cue from the length of the nights. In other words: once an early riser, always an early riser; once a late sleeper, always a late sleeper. The length of the nights sets a timeframe, but the exact date of sprouting depends on temperature and thus on the weather. Flowering starts once the required total warmth is reached.

There are certain patterns within the annual weather sequence, or in larger units, such as the 'El Niño' phenomenon that creates 'abnormal' conditions in the Pacific area every five years and which, via the ocean currents, is said to influence also the weather on the northern hemisphere. Phenomena of this kind probably lie at the bottom of many farmers' sayings and weather divining days. An example: 'If ash before the oak flowers first, the summer will be full of thirst; but if oak before the ash flowers, the summer will be full of showers.' I have created my own favourite rule: 'If you don't need the field to survive, you need not for perfection strive.'

Löwenzahn | *Dandelion* | *Taraxacum officinale s.l.*

Ein Garten für das 21. Jahrhundert | A 21st Century Garden

VOLLFRÜHLING | HIGH SPRING

EINE PHÄNOLOGISCHE ZEIGERPFLANZE PAR EXCELLENCE IST DER LÖWENZAHN. Er ist es erstens deswegen, weil er sehr häufig und zweitens, weil er auffällig ist. Zusammen mit Flieder und Apfel ist er der Indikator des sogenannten Vollfrühlings. In meinem Garten beherrscht er die Rasenwiese, er ist aber im gesamten Bereich mit einzelnen Exemplaren vertreten, wobei auffällig ist, dass – egal welcher Standort – Löwenzahn zur gleichen Zeit blüht. Arten mit solch eindeutiger Blühphase sind die bevorzugten Indikatoren des phänologischen Kalenders. Er zeigt an, welche Arbeiten im Garten und Feld zu tun sind, oder besser: empfohlen werden.

Löwenzahn ist ein gutes Beispiel für das Potenzial von „Unkraut" bei der Einbindung in die Gartengestaltung. Das Bild auf Seite 142 zeigt dies besonders gut: Löwenzahn im Vordergrund, hinten die Tulpen im Staudenbeet. Das Ganze wirkt harmonisch und erzeugt eine Wirkung durch Abwechslung. Naturnahe und natürliche Pflanzengesellschaften können aus bis zu 70 Arten zusammengesetzt sein. Dazu hat Frank Schumacher, der Leiter des Botanischen Gartens an der Universität Wien, anlässlich eines Besuchs den Begriff „Gartenvegetation" geprägt. Der Natur abgeschaut ist Gartenvegetation das wesentliche Gestaltungsprinzip.

THE DANDELION IS A PERFECT PHENOLOGICAL INDICATOR PLANT. First, it is very common, and second, easy to spot. Together with lilac and apple blossom, it indicates the so-called high spring. In my garden, it rules the lawn meadow but there are individual dandelions in every area. What is peculiar is the fact that regardless of where they grow, all dandelions flower at the same time. Species with such clearly defined flowering phases are the preferred indicators of the phenological calendar. It shows which tasks are due in garden and field, or rather, which tasks are recommended.

Dandelions are a good example for the integrative potential of weeds in garden design. You can see it very well on page 142: dandelions in the front, behind them the tulips in the perennial border. The ensemble looks harmonious and creates this effect through variation. Near-natural and natural plant communities can include up to seventy species. When Frank Schumacher, the director of the Botanic Garden at the University of Vienna, came to visit, he coined the term 'garden vegetation' for it. The key design principle of our garden is garden vegetation inspired by nature.

Löwenzahn ist ein Lebenskünstler. Seine Blattrosetten sind robust, das überreiche Nektarangebot seiner Blüten lockt zahlreiche Bestäuber an, und sein Verbreitungsmechanismus ist unübertroffen effektiv.
Dandelions are masters of survival. The rosette of leaves is robust, the abundant nectar of its flowers attracts numerous pollinators and its dissemination mechanism is of unbeatable efficiency.

Mit zunehmender Wärme ergrünt der Garten. Wie rasch sich dieser Wandel vollzieht, beeindruckt mich jedes Jahr aufs Neue. Von der Erde in den Beeten ist bereits nichts mehr zu sehen.

As it gets warmer, the garden grows greener. Every year I am amazed again how quickly this happens. Already any bare patches in the borders have vanished.

Vollfrühling | 23. APRIL

DER GARTEN ist durch den schon weit fortgeschrittenen, teils schon abgeschlossenen Laubaustrieb grün geworden (6, 10). Sein Charakter hat sich von fröhlicher Buntheit, den weißen und rosa Farben der Obstbäume, dem knalligen Gelb der Osterglocken, dem leuchtenden Rot der Frühtulpen und dem vollen Violett der Krokusse hin zu einer grünen Insel mit Farbtupfen gewandelt. Im Garten selbst fiel mir das gar nicht so richtig auf. Erst beim Vergleich der Bilderserien kam die Wucht dieser Veränderung durch und wurde sichtbar. Dabei blühen in meiner Rasenwiese in den Böschungen und Rabatten nun massenhaft mittelspäte Tulpen (3) und Narzissen (4, 5), überzieht Blauregen Hauswand und Balkon. Die offenen Flächen füllt blühender Löwenzahn mit seinem satten Gelb. Auch einige eher botanische Spezialitäten blühen jetzt in den Rabatten, wie Gämswurz (2), Narzissen des Tazetta-Typs (7) oder Nieswurz (1). Wildkräuter halten sich auch nicht zurück. Die Schlüsselblumen (8) in der Böschung über dem Teich leiten zu den umgebenden Wiesen und „Gstettn" außerhalb des Gartens über. So sehr sich dieses Ensemble an frühen Blühern auch anstrengen mag, es kommt gegen das Grün nicht an. Aber beim Teich blüht unser Apfelbäumchen (9), das ich als Geburtstagsgeschenk bekommen habe. Seine Blüten lassen eine gute Ernte erwarten. Letztes Jahr hat es nur für zwei Äpfel gereicht, aber nun ist das Bäumchen „mannbar" geworden, wie man kurioserweise sagt, wenn ein Obstbaum erstmals trägt. Ein zweites beim Kellerabgang ist schon fast abgeblüht. Es steht voll in der Sonne.

In meinem Garten sind zahlreiche Erinnerungsstücke, und sie werden mich noch lange begleiten. Die untere Hecke zum Beispiel setzt sich zusammen, wie es sich gehört. Weißdorn, Schlehe, Heckenrosen, Hasel, Schneeball, dazu Holunder und Mirabelle zum Naschen und für die Vögel. Vor der Hecke ist noch Platz für die Andeutung einer wechseltrockenen Wienerwaldwiese, weiter hinten für Brennnesseln. Die Hecke ist gepflanzt und verwildert durch spontanes Aufkommen von Vogelsaat. Was hat das mit Erinnerungen zu tun? Der Besitzer des Nachbargrundstücks hat uns vor Jahren gebeten, die Hecke ja nicht zu roden, denn dies sei wichtig für die Tiere, von der Äskulapnatter bis zu den Meisen. Da waren wir erstens positiv überrascht und zweitens völlig seiner Meinung. Von meinem Arbeitsplatz aus sehe ich übrigens direkt in die Hecke. Im Astgewirr erschienen schon Seidenschwänze, aber mir „genügen" auch Schwanzmeisen und Feldsperlinge als willkommene Abwechslung. Bei Reparaturarbeiten am Nebenhaus bot uns dann einmal der Baumeister mit einem Blick auf die Hecke an, diese „Stauden" doch gleich zu entfernen. Die Böschung könne man ja glätten und eine zweite Garage hineinbauen – wenn wir an diese Idee denken, graust es uns heute noch davor.

> … aber nun ist das Bäumchen „mannbar" geworden, wie man kurioserweise sagt, wenn ein Obstbaum erstmals trägt.

(1)

(2)

(3)

(4)

(5)

23 APRIL | High spring

THE GARDEN has turned green as foliation progresses and is almost completed in places (6, 10). Its character has changed from a cheerful wealth of colours, the white and pink of the fruit trees, the bright yellow of the daffodils, the blazing red of the early tulips and the deep purple of the crocuses, into a green island with the odd splash of colour. I did not notice this so much in the garden itself. It was only when we compared the series of photographs that this change really made itself felt and became visible. And this despite the fact that in the banks of my lawn meadow and in the borders, masses of medium-late tulips (3) and daffodils (4, 5) bloom and wisteria runs all over the wall of the house and the balcony. Any open space is filled with flowering dandelions in a rich yellow. The borders also include some rarer botanic specialities, such as leopard's bane (2), Tazetta daffodils (7) or Christmas rose (1). The wildflowers do not hold back either. The cowslips (8) in the bank above the pond lead into the surrounding meadows and banks outside the garden. How ever much effort this ensemble of early flowering plants may put in, they are fighting a losing battle against the green. But the apple tree (9) that I got for my birthday is flowering by the pond and it looks like a good harvest to come. Last year it only managed two apples, but now the small tree has turned 'nubile', as the curious term goes for when a tree carries fruit for the first time. Another apple tree by the cellar steps has almost finished flowering. It is in full sun.

My garden includes numerous memorabilia and they will accompany me for a long time yet. Take the lower hedgerow: it is composed of all the right species: common hawthorn, sloe, briar roses, hazel, guelder rose, plus elder and mirabelle plum as a snack and for the birds. In front of the hedgerow is room for an approximation to a temporarily dry Vienna Woods meadow, further back a place for stinging nettles. The hedge was planted and is getting wilder through self-sown birdseed. What has this to do with memory? Years ago, the owner of the neighbouring plot implored us not to take out the hedgerow as it was vital for animals, from the Aesculapian snake to the tits. We were pleasantly surprised and agreed with him entirely. From my desk, I look out straight onto that hedgerow. I have spotted waxwings in its maze of branches, but I am also content with long-tailed tits and field starlings for distraction. During some repair work at the neighbour's house, the builder offered to take out the tangle, smooth the bank and build a second garage. We still shudder at the thought.

> … but now the small tree has turned 'nubile', as the curious term goes for when a tree carries fruit for the first time.

(6)

(7)

(8)

(9)

(10)

Mein Garten | My garden

Vollfrühling | 23. APRIL

Die Blütenknospen des Blauregens entwickeln sich an Kurztrieben.
Um ihre Entwicklung zu fördern, schneide ich ihn im August zurück.
The flower buds of the wisteria develop on short shoots.
I cut it back in August to encourage the formation of these shoots.

Blauregen | Wisteria | Wisteria sinensis

23 APRIL | High spring

Während die Spalierbirnen an der Hausmauer bereits Früchte angesetzt haben, warten die Töpfe noch auf die Tomaten.
The espalier pears at the wall of the house have already set fruit while the pots are still waiting for the tomatoes to appear.

Spalierbirne und Geophytenbeet | *Espalier pear and geophytes border* | ***Pyrus communis*** cultivar

Mein Garten | My garden

Die Schönheit der Wildpflanzen, hier Wolliger Hahnenfuß, den ich aus dem Wald mitgebracht habe, kann mit jener der Kulturformen ohne Weiteres mithalten. Man muss nur näher hinschauen.

The beauty of wild plants, here a woolly buttercup that I brought in from the woods, can easily hold its own vis-à-vis any cultivar. You just have to look more closely.

Vollfrühling | 23. APRIL

Das Nebeneinander von Wild- und Kulturpflanzen zu fördern, ist eine meiner Leitlinien. Die Löwenzahnwiese harmoniert gut mit dem Staudenbeet.
One of my principles is to encourage the coexistence of wild and cultivated plants. The dandelion meadow goes well with the border.

Löwenzahn | *Dandelion* | *Taraxacum officinale*

23 APRIL | High spring

*Das spannende Nebeneinander der zart weißen Tuffs der wilden
Großen Sternmiere und der stattlichen Tulpen hat sich spontan ergeben.*
*The exciting pairing of the dainty white tufts of the wild addersmeat
with the stately tulips happened spontaneously.*

Große Sternmiere und Spättulpen | *Addersmeat and late tulips* | *Stellaria holosteum, Tulipa* cultivar

Mein Garten | My garden

Ehrenwort: Die Schnecke hat Lois nicht hierher gesetzt. Das hätte ich ihm auch übel genommen. Schnecken tun sich nämlich gerne an Blüten gütlich. Dieser Pfingstrose hat sie bisher nicht geschadet.

I swear, Lois did not put that snail there or I would have objected.
Snails love gobbling up petals, but this peony has not suffered yet.

Blühender Fieberklee und Wasserminze erobern mit ihren Trieben die Flachwasserzone des Teichs. Langfristig könnten sie zur Bildung eines sogenannten Schwingrasens beitragen, der Teich würde verlanden.

Flowering bogbean and water mint are conquering the shallow edges of the pond with their shoots. In the longer term, they might help form a so-called quagmire and the pond would silt up.

Vollfrühling | 3. MAI

> Wie Piranhas stürzen sich Moderlieschen und Rotfedern auf die absinkenden Schnecken.

ES IST VOLLFRÜHLING – MAIENZEIT. Flieder (4) und Johannisbeere (1) blühen, letztere hat schon erste Früchte angesetzt. Die beiden sind die klassischen Indikatoren für den Vollfrühling. Ein letztes Durchstarten des Frühlings hat begonnen. In meinem Garten geben vor allem die Spättulpen den Ton an (5–9), im Mai sind sie als Letzte an der Reihe. Groß sind sie, farbenprächtig und exquisit. Tulpengeschichten kommen natürlich angesichts dieser Pracht ins Gedächtnis. Wer hat in Zeiten der Börsenkrisen nicht von der holländischen Tulpenmanie im 17. Jahrhundert gehört, der ersten dokumentierten Spekulationsblase der Geschichte. In den heutigen Zeiten von Finanzkrise und entfesselten Aktienmärkten finde ich es zwar immer noch unverständlich, aber nachgerade sympathisch, wie man damals sein Vermögen für Tulpen riskieren konnte. Aber mir kommen erst einmal die Wildtulpen in den Sinn, die ich selbst am natürlichen Standort erlebt habe. Da sind einmal die kleinen Sternchen der Kretischen Tulpe auf den Schutthalden des Gingilos, einem der hohen Gipfel der Lefka Ori, oder die Felsentulpen auf der Weinalm Triphti schlichtweg eine Pracht. Lois, der sich auf die Rosette einer noch nicht aufgeblühten Lilie konzentriert (2), brummt etwas vor sich hin. Ja, du hast richtig gehört, eine Weinalm, so was gibt es tatsächlich. Und der Wein dort gehört zum Besten, fruchtig, stark, wirksam. Ich war mehrmals dort, um dann leicht beduselt zwischen Wildtulpen zu sitzen, ins Blau der Kretischen Iris zu starren und weiter drüben den gelben Fleck als Kretischen Aronstab zu identifizieren. Versonnen schau ich wieder – übrigens nüchtern – auf meine Tulpenpracht im Garten. Pflanzen verdienen Bewunderung und Respekt.

Bei der oberen Stiege beginnt mein ganzer Stolz gerade seine Blüten zu öffnen. Hier steht sie, eine inzwischen erstarkte Strauchpfingstrose. Die tiefrosa Blüten durchsetzen das graugrüne, kräftige Laub (3). Offensichtlich passt ihr der Standort. Daneben wächst ein Sonnenhut, eine Rudbeckia, noch im frühen Laubstadium, schon ziemlich zerfressen von den Schnecken. Diese kleinen Biester sind ein Kapitel, das nicht einfach zu behandeln ist. Das einzige, was wirklich hilft, ist, sie abzusammeln. Zur Zeit sind es die Deroceras-Schnecken, kleine Ackerschnecken, und nicht die großen fetten Wegschnecken. Ihre Fraßschäden können trotzdem beachtliche Ausmaße erreichen. Jedenfalls sitzen sie in der Früh massenhaft in den Pflanzen, die sie gerne mögen. Ich sammle sie mit der Hand ab und werfe sie in den Teich, wo sie die Fische mit Lust und Gewinn zu sich nehmen. Wie Piranhas stürzen sich Moderlieschen und Rotfedern auf die absinkenden Schnecken. In Sekundenschnelle ist der Spuk vorbei, und bei mir kommt ein Gefühl der Befriedigung hoch. Lois ist fertig für heute. Wir essen Speckbrot, trinken Wein aus dem Dorf, und um uns blühen die Tulpen.

(1)

(2)

(3)

(4)

3 MAY | High spring

IT IS HIGH SPRING – THE MERRY MONTH OF MAY. Lilac (4) and currant (1) are in flower, the latter is beginning to set fruit. Both are classic indicators of high spring, which puts in one more big push. In my garden, the late tulips dominate (5–9), in May they are the last to flower. They are large, colourful and exquisite. Naturally, I think of tulip stories in the face of all this splendour. In these times of stock exchange crises, who has not heard of the Dutch tulip mania of the 17th century, the first documented speculation bubble in history. Today, in the light of the financial crisis and unleashed stock markets, I can still not understand it, but I find it almost likeable how you could risk your wealth on tulips then. Mostly, though, I think of the wild tulips which I have seen for myself in their native habitat. There are the small stars of the Cretan tulip on the screes of the Gingilos, a high summit of the Lefka Ori range, or the Bakeri tulips on the mountain vineyard Triphti, pure glory. Lois is concentrating on the rosette of a lily that has not started to flower yet (2) and is mumbling something. Yes, you heard right: a mountain vineyard, there really is such a thing. The wine there is among the best, fruity, strong, effective. I was there several times, only to sit between the wild tulips in a slightly inebriated state, staring into the blue of the Algerian iris and identifying the yellow patch at the back as Cretan arum. Now sober, I contemplate my splendid tulip display in the garden. Plants deserve admiration and respect.

At the upper steps, my pride and joy is about to open its flowers. This is where my tree peony stands, grown stronger over time. The deep pink blossoms lighten up the strong, grey-green foliage (3). It obviously likes this site. Next to it, a black-eyed Susan, or rudbeckia, grows, still in early foliage and already much eaten into by the slugs and snails. These small beasts are a difficult chapter in gardening. The only thing that really helps is to collect them. The current ones are deroceras, small field slugs, not the big, fat roundback slugs. Even so, they can do a lot of damage. In the morning, there are masses of them sitting in their favourite plants. I collect them by hand and through them into the pond where the fish are only too happy to eat them and thrive on it. The moderlieschens and rudds throw themselves onto the slowly sinking slugs like a shoal of piranhas. Within seconds they have finished them off and I bask in satisfaction. Lois has finished for today. We eat bacon sandwiches, drink wine from the village and are surrounded by tulips in bloom.

> Moderlieschens and rudds throw themselves onto the slowly sinking slugs like a shoal of piranhas.

(5)

(6)

(7)

(8)

(9)

Der Variationsreichtum der Spättulpen ist nahezu unerschöpflich. Mir gefallen sie so viel besser als in den üblichen „eintönigen" Beeten. Rhabarber setzt einen zusätzlichen Akzent.

The variability of the late tulips is almost inexhaustible. I much prefer them like this than in the usual 'monotone' borders. The rhubarb provides an additional accent.

Tulpe 'Happy Generation' | *Tulip* 'Happy Generation' | *Tulipa* 'Happy Generation'

Darwin-Tulpe | *Darwin hybrid-tulip* | *Tulipa* cultivar

Vollfrühling | 3. MAI

*Besonders auffällige Tulpensorten wie diese Lilienblütige
setze ich einzeln oder in kleinen Gruppen als besonderen Blickfang.*
*I like to plant unusual tulip varieties, such as this lily-flowering one,
as a special attraction, individually or in small groups.*

Lilienblütige Tulpe | Lily-flowering tulip | *Tulipa* cultivar

3 MAY | High spring

Das ist kein verunkrautetes Beet, sondern ein harmonisches Nebeneinander von Spättulpen, Labkraut und Löwenzahn.
This is not a bed full of weeds but a harmonious combination of late tulips, cleavers and dandelion.

Darwin-Tulpe | *Darwin hybrid-tulip* | ***Tulipa*** cultivar

Tulpe 'Ad Rem' | *Tulip* 'Ad Rem' | *Tulipa* 'Ad Rem'

Tulpe 'Fringed Family' | *Darwin hybrid-tulip* 'Fringed Family' | *Tulipa* 'Fringed Family'

*Aus der Nähe erschließt sich die ganze Schönheit der zarten Flugschirmchen des Löwenzahns.
Wer Löwenzahn nur als Ärgernis betrachtet, lässt sich etwas entgehen.*

In close-up, the delicate silver tufted fruits of the dandelion unfold their full beauty. If you only think of dandelions as a nuisance you are missing something.

Vollfrühling | 3. MAI

*Das Kräuter- und Gemüsebeet hat ebenfalls eine Augenweide zu bieten.
Die lila Blütenköpfchen des Schnittlauchs sind hübsch im Beet und im Salat.*
*The herb and vegetable patch is another sight for sore eyes.
The purple flower heads of the chives are equally pretty in bed and salad.*

Schnittlauch | *Chives* | *Allium schoenoprasum*

3 MAY | High spring

Feldsalat lassen wir gelegentlich versamen, damit wir uns um sein Fortkommen nicht weiter zu kümmern brauchen.
Occasionally we let the lambs lettuce set seed so that we do not have to bother about keeping it going.

Feldsalat | *Lambs lettuce* | **Valerianella locusta**

Mein Garten | My garden

Besonders beim Aufblühen wird offensichtlich, dass Zierlauch zur gleichen Gattung gehört wie Schnittlauch, Knoblauch, Porree oder Küchenzwiebel. Auch am Duft ist dies unverkennbar.

When it starts flowering you can see quite clearly that the ornamental garlic belongs to the same genus as chives, garlic, leek or onion. The smell is also characteristic.

Vollfrühling | 7. MAI

> Man nennt ihn auch Männertreu, weil seine zarten Blüten so schnell abfallen.

LOIS IST DER MAISELIGEN FRÜHLINGSSTIMMUNG ERLEGEN und kommt diesmal schon nach wenigen Tagen wieder. Diesmal nimmt er den Weg oberhalb des Gartens. Er hat die Gartentür noch gar nicht erreicht, da faszinieren ihn schon die Heckensträucher am Zaun. Die Brombeeren (1, 2) wachsen, als könnte es ihnen nicht schnell genug gehen, ihre Verluste durch Frost und Schnitt auszugleichen. Nichts in unserem Garten schneiden wir so rabiat zurück wie die Brombeeren. Rabiat im doppelten Wortsinn: Wir schneiden viel – sonst wäre unsere Böschung in kurzer Zeit total überwuchert –, und wir fluchen kräftig dabei, denn die bestachelten Triebe stechen sogar durch Lederhandschuhe. Brombeeren vertragen den Schnitt nicht nur bestens, sondern bilden an ihren dicken Ranken zahllose Kurztriebe, an denen sich die Blüten entwickeln. So haben wir dann im Spätsommer eine reiche Ernte. Und da die stacheligen Brombeeren weit aromatischer schmecken als die stachellosen Züchtungen, haben wir uns immer noch nicht von unserer „Dornröschenhecke" getrennt.

Von den Brombeeren in der Hecke ernten wir am meisten. Haselnüsse würden uns zwar schmecken, die anfallenden Mengen sind aber nur selten der Rede wert. Meist lassen sich die Haseln bei uns durch ein paar milde Spätwintertage zu früh zum Blühen verleiten, und die Fruchtanlagen erfrieren dann. Holunder (4) und Weißdorn (5) überlassen wir den Vögeln, und bei den Schlehen warten wir noch darauf, dass wir genug für einen Likör zusammenbringen. Den baskischen Patxaran habe ich von einer Pyrenäenexkursion noch in bester Erinnerung. Unsere Schlehen sind allerdings von einem parasitischen Pilz namens *Taphrina* befallen. Er bringt sie zwar nicht um, aber verursacht die sogenannten Narrentaschen. Die befallenen Früchte enthalten keine Samen und sind hart und ungenießbar. Mittlerweile haben wir die Hoffnung auf Schlehenlikör aus eigener Ernte schon fast aufgegeben und trösten uns im Herbst mit dem reichen Ertrag der Bayernkiwi. Die Vögel erkennen ihre walnussgroßen braunen Früchte nicht als essbar, dabei sind sie süß und saftig.

Im Schatten der Sträucher hat Lois noch den kleinen Ehrenpreis entdeckt (3). Man nennt ihn auch Männertreu, weil seine zarten Blüten so schnell abfallen. Männertreu gibt es als deutsche Bezeichnung für ganz verschiedene Pflanzen. Manche heißen so, weil sie einfach blau sind (wie die Treue, nicht wie die Männer), etwa Lobelien oder Bleiwurz. Die Edeldistel, die auch Mannstreu genannt wird, ist sowohl bläulich als auch ein sogenannter Steppenroller. Dabei verwelkt nach der Blüte die ganze Pflanze, bricht ab, wird vom Wind davongeblasen und verstreut dabei ihre Samen, trägt also ihren Namen ebenfalls als wenig schmeichelhafte Einschätzung männlicher Beständigkeit.

(1)

(2)

7 MAY | High spring

LOIS HAS SUCCUMBED TO THE MAY SPRING MOOD and returns within a few days. This time he takes the path above the garden. Before he has reached the garden gate, he becomes fascinated by the shrubs of the hedge by the fence. The blackberries (1, 2) are growing as if they could not make up fast enough for their losses from frost and pruning. We prune nothing in our garden so fiercely as the blackberries. Fiercely in both senses of the word: we cut them back hard – or our bank would be covered in a very short time – and we swear a lot during this task, because the thorny shoots pierce even leather gloves. Blackberries can take the pruning very well, they form numerous short shoots on their thicker branches and develop flowers on them. This makes for a rich harvest in late summer. And since the thorny blackberries are much more aromatic than the thornless varieties, we won't give up our 'Sleeping Beauty' hedge.

The blackberries make up the bulk of our hedgerow harvest. We would also like hazelnuts, but the amounts that they produce are rarely worth mentioning. Most years, the hazels get tempted by a few mild late-winter days to flower too early and the setting fruit freezes. We leave elder (4) and hawthorn (5) to the birds and are still waiting to have enough sloes for making liqueur. I fondly remember the Basque Patxaran from a trip into the Pyrenees. Our sloes suffer from a parasitic fungus called *Taphrina*. It does not kill them but causes a kind of blister tissue. The affected fruit has no seeds and is hard and inedible. By now, we have almost despaired of ever making sloe liqueur from our own sloes and console ourselves in autumn with a rich harvest of hardy kiwis. The birds do no recognize the walnut-size brown fruit as edible even though it is sweet and juicy.

In the shade of the shrubs, Lois has spotted the germander speedwell (3). In German it is also called 'Männertreu' (male fidelity) because its dainty petals drop off so quickly. The term is used in German for quite different plants: some, simply because they are blue (the colour of fidelity), such as lobelias and leadwort. The sea holly, in German also called 'Mannstreu', is bluish and a so-called tumble-weed. After flowering, the whole plant wilts, breaks off, is carried away by the wind and self-seeds, its common name another unfavourable verdict on male constancy.

> **In German it is also called 'Männertreu' (male fidelity) because its dainty petals drop off so quickly.**

(3)

(4)

(5)

Manche der großen Zierlauche reichen mir bis zur Schulter. Ihr kopfiger Blütenstand besteht aus hunderten kleiner Einzelblüten, die ihre Verwandtschaft zu den Liliengewächsen zeigen.

Some of the large ornamental garlics reach up to my shoulder. Their flower heads consist of hundreds of small individual florets that indicate their kinship with the lily family.

Rose 'Frühlingsgold' | *Rose* 'Frühlingsgold' | *Rosa pimpinellifolia* 'Frühlingsgold'

Strauchpfingstrose Gartensorte | *Tree peony* cultivar | *Paeonia suffruticosa* cultivar

Die Knospen des Geißblatts, hier noch vor der alljährlichen Blattlausattacke, die manchmal so stark ist, dass sie sogar die Blüte stört. Die eigenartig geformten Blätter sind ein Gattungsmerkmal.

Honeysuckle buds, here before the annual aphid attack, which sometimes is so fierce that it even affects the flowers. The strangely formed leaves are typical for the genus.

EXKURS | EXCURSUS 3

BLÄTTER

BLUMEN SIND DAS WICHTIGSTE AM GARTEN, und Blüten sind das Wichtigste an den Blumen. Das stimmt vielleicht für den gelegentlichen Besucher, für die Pflanzen selbst sind die Blätter bei Weitem wichtiger. Ohne zu blühen, können Pflanzen sehr lange überleben. Die Blätter aber sind, zusammen mit den Wurzeln natürlich, Lebensgrundlage und „Kraftwerk" der Pflanze.

Dass die Photosynthese weitgehend in den Blättern stattfindet, ist allgemein bekannt. Doch die Aufgaben der Blätter reichen weit über die Produktion hinaus. Besonders wichtig ist die Regulierung der Verdunstung. Tausende winzige Spaltöffnungen öffnen und schließen sich, um je nach Bedarf Wasserdampf hinauszulassen, dessen Verdunstungskälte das Blatt vor Überhitzung bewahrt, das Austreten von Feuchtigkeit zu verhindern, um das Blatt vor dem Welken zu schützen oder ungehinderten Gaswechsel für „volle Leistung" zu ermöglichen. Je größer ein Blatt ist, umso mehr Platz für Spaltöffnungen gibt es dort. Daher haben Pflanzen in Trockengebieten, wo sie sparsam mit der verfügbaren Feuchtigkeit umgehen müssen, meist kleine, schmale Blätter. Um Wasserdampfverlust außerhalb der Spaltöffnungen zu minimieren, sind die Blätter mit weiteren Schutzvorkehrungen wie dichter Behaarung oder Wachsschichten ausgestattet. Eine spezielle Strategie verfolgen die sogenannten Sukkulenten, die Wasserspeicherer, die das Wasser zusätzlich noch in den Zellen von Blatt- oder Stammgewebe ansammeln und für schlechtere Zeiten aufheben können.

Aber nicht nur Wasserverlust ist ein Problem für Pflanzen, das sie mit Hilfe der Blätter meistern. Auch mit zu viel Wasser müssen sie auskommen. Nicht immer sind „Tautropfen" auf Blättern wirklich welche. Manchmal sind es auch sogenannte Guttationstropfen, die aktiv ausgeschieden werden. Auch überflüssiger oder gar schädlicher Stoffe, wie etwa Salz, können sich Pflanzen aktiv über die Blätter entledigen. Andererseits bietet das Abwerfen von Blättern, die Schadstoffe akkumuliert haben, für Pflanzen eine elegante Methode der Entgiftung.

Blätter sind nicht nur physiologische Wunderwerke, sie haben auch optisch etwas zu bieten. Zwar ist es die hohe Kunst der Staudengärtnerei, für stetigen Blütenflor zu sorgen, aber die ornamentale Vielfalt der Blätter bietet das ganze Jahr über Abwechslung. Nicht nur die Farbnuancen, auch die Gliederung der Blätter, ihre Anordnung und Gestalt variieren nahezu unendlich. Es gibt inzwischen auch Bestimmungsbücher nach vegetativen Merkmalen. Probieren Sie es, kaufen Sie sich beispielsweise „Wiesen-und Alpenpflanzen – Erkennen an den Blättern, Freuen an den Blüten" von Dietl und Jorquera, und schon kann's losgehen: Aus dem Garten Material holen, die Flora durchblättern. Haben Sie einen Verdacht, macht Sie die Beschreibung sicher. Und dann Freunde einladen und angeben.

LEAVES

FLOWERS ARE THE MOST IMPORTANT THING IN THE GARDEN and blossoms are the most important thing about flowering plants. This may be true for the occasional visitor, but for the plants themselves the leaves are much more important. Plants can survive a very long time without flowering. But the leaves, together with the roots, of course, are their basis of existence and their powerhouse.

It is common knowledge that photosynthesis mainly happens in the leaves but their range of tasks goes much further. Regulating evaporation is especially important. Thousands of tiny stomata open and close to let out steam as needed. Evaporative cooling stops the leaf from overheating, but the stomata also prevent loss of humidity to protect the leaf against wilting and enable unhindered exchange of gases for 'full power'. The bigger a leaf, the more room for stomata. This is why plants in dry areas, which have to be economical with what humidity there is, usually have small, narrow leaves. To minimize evaporation outside the stomata, the leaves are equipped with further protective features, such as a dense coat of hairs or layers of wax. Succulents apply a special strategy: they store water by collecting it in the cells of leaf or stem tissue to keep it for harder times.

Loss of water is not the only problem that plants solve with the help of their leaves. They must also be able to deal with too much water. Not all 'dew drops' on leaves really are what they seem. Sometimes these are so-called guttation drops which the plant actively excretes. Plants can also get rid of superfluous or even harmful substances like salt through the leaves. Shedding leaves in which pollutants have accrued is another elegant detoxication method of plants.

Leaves are not only physiological marvels, they also score on the visual scale. The high art of perennial gardening may be to ensure continuous bloom, but the ornamental diversity of leaves offers variety the whole year round. The range of colours but also the leaf structure, their array and form come in almost infinite variation. There are plant finder books today organized by vegetative features. Try it – buy such a book and off you go. Get some material from the garden, leaf through the flora. If you have a hunch, the description will provide certainty. Then invite your friends and boast.

Rittersporn 'Blauwal' | *Larkspur* 'Blauwal' | *Delphinium* 'Blauwal'

Ein Garten für das 21. Jahrhundert | A 21st Century Garden

SPÄTFRÜHLING | LATE SPRING

DIE LETZTEN SPÄTTULPEN SIND VERBLÜHT. Die mehrjährigen Stauden sind voll in Entwicklung, und die einjährigen haben an Masse zugenommen. Es ist die grünste Phase im Garten, und sie wäre noch grüner, gäbe es nicht die Zierlauche mit ihren violetten Blütenkugeln. Manche halten sich mehrere Jahre, andere verschwinden schon nach einer Saison. Genau weiß ich es nicht, da ich nicht zähle. Ich habe als Wissenschaftler genug gezählt. Ich kaufe einfach sicherheitshalber welche dazu.

Auch manche Pfingstrosensorten kommen um diese Zeit zum Blühen und kümmern sich trotz ihres Namens wenig um den Kalender. Phänologisch entspricht diese Phase dem, was man als Spätfrühling bezeichnen könnte. Ich spreche am liebsten von Lauchzeit, Lauchphase oder – um einen Fachausdruck der Ökologie zu verwenden – Lauchaspekt. Jedenfalls hat die Zeit der Lauche und Pfingstrosen ihren eigenen Reiz.

Wie eingangs schon betont: Es ist die grünste Zeit im Jahr. Es gibt weder Wildkräuter, die wie Löwenzahn dominieren, noch Kultivare wie Krokusse, Tulpen, Narzissen, die die Fläche beherrschen. Es herrscht Gleichverteilung vor, im internationalen Fachjargon würde man sagen: ausgeprägte Eveness, ein eher seltenes Strukturmodell bei Pflanzengesellschaften.

THE LAST LATE TULIPS HAVE FINISHED FLOWERING. The perennials are in full swing and the annuals put on some bulk. It is the greenest phase in the garden and it would be even greener if it wasn't for the ornamental garlic with its purple flowering globes. Some of them last several years, others disappear after just one season. I do not know for sure as I do not count them. In my scientific work I have counted enough. Here I just buy more bulbs to be on the safe side.

Some peonies start flowering around this time with little regard for the calendar. In phenological terms, this phase could be called late spring. I prefer to speak of leek time, leek phase or, to use the technical ecologic term, leek aspect. Anyway, the period of the leeks and peonies has its own appeal.

As mentioned above, it is also the greenest time of the year. There are no wildflowers nor cultivars such as crocuses, tulips, daffodils, to dominate the area. There is an even distribution, or as the international scientists would have it, pronounced evenness, a fairly rare structural model with plant communities.

Besondere Pfleglinge wie hier unseren Rittersporn während der Blüte oder die dauerblühenden Fuchsien halten wir in Töpfen und stellen sie zur Terrasse. Dort können wir sie dann jederzeit in Ruhe aus der Nähe bewundern. | *Special wards, such as the larkspur in bloom or the permanently flowering fuchsias, are kept in pots by the patio. Close up, we can admire them to our heart's content.*

Das Tempo, in dem die Kletterrosen den Rosenturm erobern, hat unsere Erwartungen noch übertroffen. Offenbar sind sie mit diesem Standort sehr zufrieden.

The speed with which the climbing roses have conquered the rose tower has surpassed our expectations. They must be very happy with this site.

Spätfrühling | 29. MAI

> Zum Glück ist nicht jede unserer Schönheiten so anspruchsvoll.

LETZTE TULPEN behaupten sich noch zwischen den hochwachsenden Sommerstauden, die jetzt rasch erstarken. Es grünt so grün … Der Spätfrühling ist in meinem Garten tatsächlich ein grünes Loch in der bunten Saisonalität vom Spätwinter bis zum Spätherbst. Ein paar Pfingstrosen (6, 7) und erste Rosen (5) bringen etwas Farbe dazwischen. Eine unserer Lieblingsrosen ist die zartrosa Strauchrose ‚Schloss Eutin'. Bei einem unserer Streifzüge durch die Gärtnereien der Umgebung haben wir uns spontan in sie verliebt und sie gekauft, obwohl wir im ersten Moment gar nicht wussten, wohin mit ihr. Aber natürlich hat sich dann ein passendes Plätzchen für sie gefunden. Trotzdem, es wäre wohl die langweiligste Zeit im Gartenjahr, wenn nicht … ja, wenn da nicht die großen Zierlauche (1–4) wären und man schon blühende Topfpflanzen an passenden Stellen positionieren könnte wie Rittersporn und Fuchsie.

Schon mehrmals habe ich gesagt und geschrieben: Mein Garten ist voller Erinnerungen, mit Geschichten und Geschichtchen, Lois widmet sich gerade dem Rittersporn, und so erfährt er, was es damit auf sich hat. Es ist die Sorte „Blauwal", eine von fast 400 Züchtungen des großen deutschen Gärtners Karl Foerster, der sich besonders intensiv mit Rittersporn und Phlox befasst hat. Anlässlich der Gartenschau in Potsdam gerieten Traudl und ich in seinen berühmten Garten und nahmen mit Freude wahr, dass er hier durch Absenkung und amphitheaterähnliche Böschungen das Konzept „in Blumen zu ertrinken" schon längst praktiziert hatte. Genauer müsste man sagen: „In blühenden Stauden zu ertrinken." Der Weg führte uns geradewegs in die angeschlossene Gärtnerei, in der original Foerster-Züchtungen angeboten wurden. Die jungen Anzuchten blüten gerade, und wir mussten unbedingt drei Sonnenbräute und drei Rittersporne erstehen. Mit einer großen Schachtel auf den Knien, aus der die langen Blütentriebe lugten, saßen wir dann im Flieger von Berlin nach Wien. Die Stewardessen hielten uns wohl für etwas schrullig, aber die Blumen gefielen ihnen, und wir wurden besonders aufmerksam bedient. Daheim gedieh unser Blauwal, wurde groß und setzte spektakuläre Blütenknospen an. Wir waren ein Wochenende außer Haus, der Blauwal blühte auf – und wurde kurz vor unserer Rückkehr von einem Partygast unseres Sohnes zu fortgeschrittener Stunde gepflückt und seiner Angebeteten überreicht. Der Verlust war bitter. In unserem Pflanzensanatorium bekamen wir den Blauwal wieder hoch, aber er blühte erst ein Jahr darauf wieder, und seitdem wachen wir ängstlich über ihn.

Zum Glück ist nicht jede unserer Schönheiten so anspruchsvoll. Die wilde Klatschnelke (8) hat sich nicht nur von selbst eingefunden, sie braucht auch keine Aufmerksamkeit, um sich zu behaupten. Das haben die Wildlinge den Gartensorten meist voraus.

(1) (2) (3) (4)

MAY 29 | Late spring

LAST TULIPS hold their own between the tall summer perennials that are fast getting stronger. Late spring in my garden is indeed a green hole in the multi-coloured seasonality from late winter to late autumn. A little colour is added here and there by peonies (6, 7) and early roses (5). One of our favourite roses is the soft pink shrub rose 'Schloss Eutin'. On one of our forays through the nurseries in the vicinity, we instantly fell in love with it and bought it even though we did not know where to put it at first. But, of course, we found a suitable spot for it. Even so, this might be the most boring time in the garden year if – well, if it wasn't for the large ornamental garlics (1–4) and if the flowering pot plants, such as larkspur and fuchsia, weren't ready for positioning in all the right spots.

I have repeatedly said and written that my garden is full of memories, with stories and tales. Lois is busy with the larkspur and so will hear that thereby hangs a tale… It is the variety 'Blauwal', one of nearly four hundred cultivars of the great German plantsman Karl Foerster, who worked most intensively on larkspur and phlox. At the occasion of a flower show in Potsdam, Traudl and I ended up in his famous garden and saw to our delight that the concept of 'drowning in flowers' had already been put into practice there by sunken gardens and banks. To be precise, one should really say, 'drowning in flowering perennials'. We went straight into the nursery there, which sold original Foerster cultivars. The young cultures were in flower and we could not resist buying three heleniums and three larkspurs. On the plane back to Vienna, we each sat with a large box on our knees with the shoots protruding from it. The stewardesses must have thought us a bit odd, but they liked the flowers and were particularly nice to us. Back home, the larkspur 'Blauwal' thrived, grew big and produced spectacular flower buds. We went away for a weekend, the Blauwal flowered – and was picked shortly before our return, in the early hours of the morning, by a party guest of our son's to present to his lady. That was a bitter loss. In our plant sanatorium, we managed to restore the Blauwal but it did not flower again until a year later and since then we watch over it jealously.

Fortunately, not all our beauties are so demanding. The wild bladder campion (8) has not only self-sown but needs no help to hold its own. This is something that wild plants usually have over garden cultivars.

> **Fortunately, not all our beauties are so demanding.**

(5)

(6)

(7)

(8)

Mein Garten | My garden

Pfingstrosen brauchen zwar ein paar Jahre, um zu voller Pracht heranzureifen, aber die Blüte alter Exemplare bietet absolute Höhepunkte im Gartenjahr.

Peonies need a few years to reach their full splendour, but the flower of older plants is an absolute highlight in the gardening year.

Zierlauch | Ornamental garlic | *Allium aflatunense*

Winter-Schachtelhalm | *Rough horsetail* | *Equisetum hyemale*

Spätfrühling | 29. MAI

Nach einer ökologischen Faustregel kommen auf eine Pflanzenart zehn Tierarten, die von ihr leben. So können Gärten zu Archen der Artenvielfalt werden.
An ecologic rule of thumb says that for every plant species there are ten animal species that live off it. In this way, gardens may become arks of diversity.

Brombeere 'Theodor Reimers' | *Blackberry* 'Theodor Reimers' | *Rubus fruticosus* 'Theodor Reimers'

Die sternchenförmigen Einzelblütchen des Zierlauchs machen es den Insekten leicht, an den Nektar zu gelangen, und sind daher auch entsprechend beliebt.
The star-shaped florets of the ornamental garlic make it easy for insects to reach the nectar and accounts for its great popularity.

Zierlauch | Ornamental garlic | Allium aflatunense

Spätfrühling | 29. MAI

Die schalenförmigen Blüten und flachen, glänzenden Blätter der Seerosen gehören einfach zu einem Teich. Auch unserer hat so eine typische Schwimmblattzone.
The bowl-shaped flowers and flat, shiny leaves of the water lilies are an integral part of a pond. Ours, too, has such a typical floating leaf zone.

Seerose | *Water lily* | *Nymphaea alba*

MAY 29 | Late spring

Unsere Sterndolde ist keine Wildpflanze, sondern eine Selektion, die sich durch eine besonders lange Blütezeit auszeichnet.
Our pretty masterwort is not a wildflower but a cultivar with an extra long flowering season.

Große Sterndolde | *Great masterwort* | **Astrantia major**

Schilf und Blutweiderich am Teichufer binden eine Menge Nährstoffe, die mit Falllaub oder eingewehtem Staub ins Wasser gelangen und sich durch Schnitt leicht entfernen lassen.

Reeds and purple loosestrife at the edge of the pond bind large quantities of nutrients that have got into the water through leaf fall or blown-in dust. We take them out in a summer cut.

EXKURS | EXCURSUS 4

Ein Garten für das 21. Jahrhundert | Exkurs 4

UNKRAUT

GIBT ES UNKRAUT IN GÄRTEN? Selbstverständlich, sagen die einen und jäten akribisch oder greifen zu Herbiziden. Grüne Seelen hingegen beherzigen die Strategie, dass man Unkräuter isst und nicht bekämpft, kochen Brennnesselspinat und brauen Kräuterlimonade. Das Thema ist geradezu zur Glaubensfrage geworden. Definitionsgemäß vermindert Unkraut den Ertrag von Kulturpflanzen oder, wie ein befreundeter Landwirt es so wunderschön und knallhart formulierte: „Es reduziert die Erntefähigkeit des Bestandes." Agrarchemie, inzwischen unterstützt von Gentechnologie, hat die Äcker restlos gesäubert. Wer die Konkurrenzkraft von Ackerkratzdistel oder Windhalm in alten Zeiten gesehen hat, hat ein gewisses Verständnis dafür. Aber Unkraut im Garten? Auch das gibt es, ich weiß, wovon ich rede, denn ich musste als Jüngster den recht großen Garten der Eltern sauber halten. Ich hasste ihn, und dieser Tatsache verdankte so manche Brennnessel, Taubnessel, das Franzosenkraut und der Giersch das Leben. Ein bisschen Schlamperei wurde geduldet. Heute, in einer Art Sauberkeitswahn, sind alle Wildpflanzen zum Unkraut geworden, und Gartenforen und -ratgeber sind voll mit Ratschlägen, was gegen diese Fehlgriffe der Schöpfung zu tun sei.

Vor wenigen Jahren wählte ein Herbizidproduzent als Sujet für ein neues Mittel einen Strauß aus Mohn, Hundskamillen und Kornblumen. Ich war entsetzt. Geht man heute durchs Land, war die Werbung offenbar erfolgreich. Dabei bereichert etwa Giersch mit seinen filigranen weißen Dolden die Buntheit des Gartens. Auch die Große Sternmiere, die sich vor einigen Jahren spontan in der Blumenschlucht eingefunden hat, haben wir gewähren lassen. Sie dankt es uns mit zierlichen Blütensternchen. Mit Blick auf rote Tulpen und gelbe Narzissen, werden wir von den Gästen für diese tolle Zusammenstellung gelobt.

Abgesehen vom Löwenzahn, dessen Samenschirmchen bekanntlich der Wind verbreitet und der deshalb beim ersten Aufblühen in der gesamten Nachbarschaft eine wilde Rasenmäherschlacht auslöst, gelangen die meisten Un- oder doch besser Wildkräuter durch Bruno und die Katzen in den Garten. Sie bringen die Klettfrüchte im Fell von ihren Spaziergängen mit. Wo diese dann auskeimen und sich im Garten etablieren, liefert ein schönes Beispiel für einen ökologischen Lehrsatz, das sogenannte „Gesetz der relativen Standortkonstanz". Es besagt, dass sich Pflanzen immer dort einfinden, wo sie ihren Standortansprüchen entsprechende Verhältnisse vorfinden. Ob Schatten von einer großen Buche im Wald oder nur von einer Holzstiege im Garten kommt, ist für die Pflanze einerlei. Das erklärt, warum sich das kleine Hexenkraut (siehe Seite 208), das aus dem Wald eingewandert ist, im Schatten unserer Stauden so wohlfühlt.

WEEDS

IS THERE SUCH A THING AS WEEDS IN THE GARDEN? Of course, say some and weed diligently or reach for the herbicide. Green souls, on the other hand, go by the maxim that you don't fight weeds, you eat them. So they cook nettle spinach and brew herb lemonade. The topic has almost become a question of faith. By definition, weeds reduce the yield of cultivated plants or, to quote a farmer friend, who put it beautifully and succinctly, 'It reduces the harvestability of the stand.' Agrochemicals, these days supported by genetic engineering, have cleared the fields of all wild plants. Anyone who has seen the competitive force of creeping thistle or windgrass in former times can understand the attraction up to a point. But weeds in the garden? Yes, they exist, I know what I am talking about. As the youngest sibling, it fell to me to keep the rather large garden of my parents weed-free. I hated it and quite a few stinging nettles, deadnettles, gallant soldiers or ground elder owe their lives to me. A certain degree of laxness was tolerated. Today, in a kind of clearing frenzy, all wild plants have become weeds and gardening forums and advice literature overflow with tips of what to do against these errors of creation.

A few years ago, the producer of a herbicide chose a bouquet of poppies, corn chamomiles and cornflowers to illustrate his new product. I was flabbergasted. If you walk through the country today, it seems the campaign was successful. And yet, the delicate white umbels of the ground elder enrich the diversity of the garden. We also left the greater stitchwort, which spontaneously came up in the flower ravine, to its own devices. It rewards us with dainty little star-shaped flowers. Our guests admire the attractive combination with red tulips and yellow daffodils.

Apart from the dandelion, which is distributed by the wind (and triggers a frenzy of lawn mowing in the neighbourhood at the first sign of its flowering), most weeds or, rather, wild plants reach our garden through Bruno and the cats. From their excursions, they bring back seeds clinging to the fur. The places where these seeds germinate and establish themselves in the garden are a beautiful proof of the ecologic principle of the 'law of relative site consistency'. It says that plants will always be found where they meet conditions that match their site requirements. The plant does not care whether the shade it needs comes from a large beech in the forest or simply from wooden steps in the garden. This explains why the Alpine enchanter's nightshade (see page 208), which immigrated from the forest, is so happy in the shade of our perennials.

Bruno rastet auf der Treppe. | *Bruno is resting on the steps.*

Ein Garten für das 21. Jahrhundert | A 21st Century Garden

FRÜHSOMMER | EARLY SUMMER

BEGANN BEREITS IM SPÄTFRÜHLING VEREINZELT DIE ROSENBLÜTE, ist sie im Frühsommer voll im Gang, ja, ist der Frühsommer dadurch definiert. Meine Rosenkollektion ist eine Mischkulanz aus verschiedensten Wuchstypen und Arten: Wildrosen, gefüllte und ungefüllte Parkrosen, alte französische Sorten. Zwei davon, eine weiße und eine dunkelrosa, haben im Fotojahr fantastisch geblüht. Dazu kommen Strauchrosen wie ‚Schloss Eutin', in die wir uns beim Gärtner verliebten, und ‚Egon Schiele'. Ganz in der Nähe, im Tullner Bahnhof, erinnert eine Tafel daran, dass dieses Malergenie ein Eisenbahnerkind war.

Besonders spektakulär sind die Rosen am Rosenturm: Der Rosenturm wird seine ganze Blütenfülle ausschütten. Der Prachtbaum einer Marille beherrschte bis vor zwei Jahren die mittlere Etage des in drei alte Terrassen gegliederten Grundstücks. Er erblühte als erster von den Obstbäumen, fast immer zu früh. Spätfröste setzten ihm regelmäßig zu. Entweder war es ein totaler Kälteschaden bei den Blüten oder es war zu lange kalt für Befruchtung und Embryonalentwicklung. Jedenfalls kamen wirklich gute Fruchtjahre nur alle paar Jahre vor. Dann aber gab es eine nicht bewältigbare Ernte. Gott sei Dank werken im Dorf gute Schnapsbrenner.

IN LATE SPRING, THE ROSES STARTED FLOWERING, now they are in full swing, defining early summer. My rose collection is a mixture of different habits and species: wild roses, single and double cultivated roses, old French varieties. Two of them, a white one and a dark pink one, flowered spectacularly in this photographic year. Then there are garden roses, like 'Schloss Eutin', which we fell in love with in the nursery, and 'Egon Schiele'. In nearby Tulln railway station, a plaque reminds us that this genius painter was the son of a railway employee.

The roses at the rose tower are particularly impressive: the rose tower will pour out its full cornucopia of flowers. Until two years ago, this splendid apricot tree dominated the middle level of our three-tier plot. It was the first fruit tree to flower, almost always too early. Late frosts regularly hit it. It resulted either in a total loss of the flowers or it was too cold for too long for pollination and to set fruit. In any case, really good fruiting years only came few and far between, but when they came, the harvest was almost unmanageable. Fortunately, there are good distillers in our village.

Im Fell bringen unsere Haustiere immer wieder Samen mit, vor allem von Arten mit Klettfrüchten wie Klettenlabkraut, Hexenkraut oder Nelkenwurz. Sie sind auf diesen Verbreitungsweg spezialisiert.
Our pets keep bringing in seeds in their fur, mostly species with burrs, such as cleavers, Alpine enchanter's nightshade or wood avens. These species specialize in this method of dispersal.

Lilien bieten alles, was eine perfekte Gartenpflanze haben sollte. Ihre Blüten sind spektakulär, ihr Duft ist betörend, und dazu bringen sie mit ihrer Größe eine interessante Vertikale in die Beete.

Lilies offer everything you expect from the perfect garden plant. Their flowers are spectacular, their scent beguiling and their height introduces an interesting vertical aspect into the border.

Parkrosen verbinden einen Hauch Rosengartenromantik mit der vitalen Wuchskraft wilder Heckenrosen. Ihre überschäumende Blütenfülle versöhnt damit, dass sie nur einmal blühen.

Shrub roses combine a touch of rose garden romanticism with the robust growth of wild briar roses. Their profusion of blooms makes up for the single flowering

Frühsommer | 11. JUNI

> Alles ist grün, frisch und jung. So geht mein Garten in den Sommer.

DIE BÄUME SIND VOLL BELAUBT, die Staudenbeete zwar noch nicht in voller Dichte, aber schon weit gediehen, die Rasenwiese ist noch nicht gemäht (5) – kurzum: Alles ist grün, frisch und jung. So geht mein Garten in den Sommer und entwickelt sich zu dem, was Frank Schumacher, der technische Leiter des Wiener Botanischen Gartens nach seinem Besuch so schön geschrieben hat: „… je länger wir von einem Gartenpunkt zum nächsten gegangen sind, wurde die Reichhaltigkeit im Garten immer offensichtlicher – man muss schauen in Ruhe und muss zuhören, … und wird im Sommer und Herbst staunen über diese Garten-Vegetation …"

„Garten-Vegetation", treffender hätte man es nicht formulieren können. Lois hat im Herbst einmal von Garten-Dschungel gesprochen. Es ist ein friedlicher Dschungel, in dem jetzt, im beginnenden Frühsommer, die Rosen entscheidende Akzente setzen: die Parkrose (2) mit ihren überhängenden Zweigen, die Kletterrosen am Rosenturm (3) und vor dem Haus (4) oder die ‚Egon Schiele' (1) an der Terrasse. Der Lauch ist verblüht (7), aber seine dekorativen Fruchtstände stehen noch. Die Ribiseln (6) reifen bereits. Als vor etwa hundert Jahren die Reblaus die Weinreben vernichtete, wurden Ribiseln die wirtschaftliche Grundlage des nördlichen Wienerwaldabhangs. Man verkaufte sie frisch in Wien, machte Saft und Ribiselwein daraus. Die Königstetter Ribiselheurigen waren weitum bekannt. Die alten Königstetter haben heute noch eine gewisse Abneigung gegen Johannisbeeren in ihren Gärten, weil sie als Kinder Tage und Wochen mit Beerenpflücken verbringen mussten.

Beeren aller Art sind im Garten ideal. Im Gegensatz zu Obstbäumen tragen sie extrem regelmäßig, und die Ernte lässt sich durch entsprechende Sortenwahl wochenlang ausdehnen. Neben Johannisbeeren, Brombeeren, Stachel- und Himbeeren haben wir übrigens noch eine ganz spezielle Beere, die Zucchini (8). Zucchini sind Kürbisse, und botanisch sind ihre Früchte wirklich Beeren. Eigentlich gehört sie natürlich ins Gemüsebeet, ein Exemplar steht aber auch neben dem Rosenturm und scheint sich dort durchaus wohlzufühlen.

Im Holunder jubelt eine Mönchsgrasmücke, ein Grünfink lässt seinen wohltönenden Gesang hören, vom Nest über dem Balkon schießt eine Hornisse hinaus, nichts anderes im Sinn, als Wespen zu jagen. Am Teich gleitet manchmal eine Ringelnatter ins dunkle Wasser, und auf den Seerosen sitzen junge Frösche, zum Glück meist schweigend. Zu jedem Garten gibt es eine passende Tierwelt. Und Hornissen? Sind wie gesagt harmlos. Aber einmal ließen wir die Balkontür zum beleuchteten Schlafzimmer offen. Als wir uns zur Ruhe begeben wollten, brummten 25 Hornissen mit motorradlautem Summen über unseren Betten. Das brachte sogar uns kurz aus der Fassung. Aber gestochen hat uns keine.

(1)

(2)

(3)

(4)

11 JUNE | Early summer

THE TREES STAND IN FULL LEAF, the perennial borders have not reached full density but are progressing well, the lawn meadow is still unmown (5) – in short, everything is green, fresh and young. And so my garden enters into summer and develops into what Frank Schumacher, the technical director of the Botanic Garden in Vienna described so well, '… the longer we went from one garden item to the next, the richness of the garden became more and more obvious – you have to watch calmly and listen… and you will be amazed in summer and autumn by this garden vegetation…'

'Garden vegetation', you could not have said it more aptly. In autumn, Lois once spoke of a garden jungle. It is a peaceful jungle where now, at the beginning of early summer, the roses put essential markers: the garden rose (2) with its trailing branches, the climbing roses at the rose tower (3) and in front of the house (4) or 'Egon Schiele' (1) on the patio. The garlic has finished flowering but its decorative seed stands remain. The currants (6) are ripening. When, about a hundred years ago, the vine louse destroyed the vines, currants became the economic basis of the northern declivity of the Vienna Woods. They were sold fresh in Vienna or made into juice and currant wine. The Königstetten currant wine taverns were famous far and wide. Old people in Königstetten still don't like currants in their gardens because as children they had to spend days and weeks picking them.

All kinds of berries are ideal in the garden. Unlike fruit trees, they produce a very regular harvest and if you choose your varieties well you can prolong the season by weeks. In addition to currants, blackberries, gooseberries and raspberries, we have a very special berry, the courgette (8). Courgettes are pumpkins and botanically their fruits really are berries. They go into the vegetable patch, of course, but one specimen grows next to the rose tower and seems to like it very well there.

A blackcap is jubilating in the elder bush, a greenfinch lets us hear its pleasant song. From the nest above the balcony, a hornet shoots out, intent on hunting wasps. At the pond, occasionally, a grass snake glides into the dark water and young frogs sit on the water lilies, fortunately silent most of the time. For any garden there is a matching animal wildlife. And hornets? Are harmless, as I said. Once, though, we left the balcony door open and the light on in the bedroom. When we were about to go to bed, twenty-five hornets roared like motor cycles over our beds. Even we were briefly stunned. But none of them stung us.

> … everything is green, fresh and young. And so my garden enters into summer…

(5)

(6)

(7)

(8)

Mein Garten | My garden

Die Strauchrose ‚Egon Schiele', die ich als Tribut an den Künstler erstanden habe, ist eine perfekt gelungene moderne Züchtung. Sie ist nicht nur schön, sondern auch resistent gegen Blattkrankheiten.

The garden rose 'Egon Schiele' which I bought as a tribute to the artist is a perfectly successful modern cultivar. It is not only beautiful but also resistant against leaf diseases.

Walderdbeere | *Wild strawberry* | *Fragaria vesca*

Klatschmohn | Red poppy | *Papaver rhoeas*

Hexenkraut | Alpine enchanter's nightshade | *Circaea lutetiana*

Tigerlilie 'Citronella' | *Tiger lily* 'Citronella' | *Lilium tigrinum* 'Citronella'

Neben den Rosen, die im Juni ihren großen Auftritt haben, fallen jetzt die unterschiedlichen Blattformen der Stauden auf. Sie sind nicht weniger variantenreich als die Blüten.

In addition to the roses, which take centre stage in June, the various leaf shapes of the perennials vie for attention now. They are just as diverse as the flowers.

Frühsommer | 9. JULI

> Ich pflückte als Kind in den Wäldern am Bodensee Türkenbund, und Mutter bekam regelmäßig ihren Strauß.

MAN KÖNNTE JEDE PHÄNOLOGISCHE JAHRESZEIT NACH LEITARTEN BENENNEN: Krokus-, Kirschen-, Tulpenzeit, die Zeit der Zierlauche und der Rosen. Und was haben wir jetzt? Lilienzeit (3–5). Auch Lilien sind Geophyten, die Lilien im engeren Sinne, mit offenen Zwiebeln, mit Rhizomen oder verdickten Wurzeln. Hier kommt bei mir wieder der Botaniker durch, ich genieße die Schönheit und Eleganz der großblütigen „Trompetenlilien" und die eigenwillige Form der Türkenbunde und Tigerlilien.

Meine Gedanken sind bei den großen Erlebnissen in der Natur, bei den Feuerlilien im Engadin, die in Kombination mit Salbei und Margeriten Wiesen zieren, die zum schönsten gehören, was die traditionelle bergbäuerliche Wiesenkultur hervorgebracht hat. Beeindruckend waren im Kaukasus zwischen Birkengebüschen der sattgelbe Kaukasus-Türkenbund und in den Schluchten Sichuans die Königslilie, ein Symbol gnadenloser Sammelwut. Brachte doch ein „plant hunter" einst von seinen „Raubzügen" in China mehr als 6 000 Zwiebeln mit. Ich pflückte als Kind in den Wäldern am Bodensee Türkenbund, und Mutter bekam regelmäßig ihren Strauß. Auch wenn die Türkenbunde in den Alpen bis zur Waldgrenze vorkommen, wo sie besonders blütenreich sind, sind sie immer etwas Besonderes. Der Türkenbund ist auch eine Erfolgsstory im Naturschutz. Heute werden der „Käseglockennaturschutz" und der reine Artenschutz oft kritisiert. Aber ich bezweifle, ob es ohne ihn so spektakuläre Pflanzen bei uns noch gäbe. Ich erinnere mich aus meiner Kindheit noch gut an ein Hochzeitsfest mit Blumenschmuck aus aberhunderten Frauenschuhblüten – Orchideen –, heute nicht mehr vorstellbar. Ganz anders ist da die Situation in Neuseeland, wo streckenweise eingeschleppte Tigerlilien in Massen an den Rändern von Überlandstraßen wachsen, ein wahrlich bemerkenswerter Straßenschmuck, sozusagen aus „Unkraut".

Wenden wir uns wieder unserem zusehends dichter bewachsenen Garten zu (7). Die Lilien und ihre Verwandten, die Taglilien (6), haben ihren großen Auftritt. Aber ein bisschen Platz für eine dekorative Kübelpflanze wie das Enzianbäumchen (2) und die obligatorischen spontanen Gäste wie die Nachtkerzen (1) findet sich immer. Die Nachtkerzen sind durchwegs Wildlinge. Sie zählen zur Gruppe der Zweijährigen, das heißt, sie treiben im ersten Jahr eine vegetative Rosette und dann im zweiten Jahr die Blüte. Eine ähnliche „Lebensplanung" haben die Königskerzen, die im Garten immer wieder spontan erscheinen. Sie sind besonders willkommene Gäste, da sie als dekorative Arten in Form und Farbe gut zur Gartenphilosophie passen. Besonders überrascht war ich vor Jahren, als eine Jungpflanze mitten im Dickicht der Amerikaner auftauchte, mit Blättern, die ich nicht kannte. Eine Woche später die Gewissheit: Es war Hexenkraut aus dem Wald, heute mein liebstes Unkraut.

(1)

(2)

(3)

(4)

YOU COULD NAME EACH PHENOLOGICAL SEASON AFTER ITS INDICATOR SPECIES: crocus time, cherry, tulip, ornamental garlic time and rose time. And what time have we now? Lily time (3–5). Lilies are geophytes, too, the lilies in the narrow sense, with open bulbs, rhizomes or thickened roots – here the botanist in me gets the upper hand. I enjoy the beauty and elegance of the cultivars with the large flowers as well as the Turkscap lily and the tiger lily for their unusual forms.

My thoughts drift to great experiences in nature, to the orange lilies in the Engadin, where they adorn the meadows together with sage and oxeye daisy. The combination is among the most beautiful results of alpine meadow farming. In the Caucasus, I was impressed by the rich yellow of the Turkscap lily between the birch scrub, and in the ravines of Sichuan by the regal lily, a symbol of reckless plant collecting. One plant hunter of old returned from his forays in China with more than 6 000 bulbs. As a child, I picked Turkscap lilies in the woodlands on Lake Constance and regularly presented my mother with a bouquet. Even though Turkscap lilies in the Alps grow all the way up to the tree line, where they flower abundantly, they are always special. The Turkscap lily is also a success story in conservation terms. Today, there is frequent criticism of 'glass dome conservation' and pure species protection, but I doubt if we would still have such spectacular plants without it. I well remember a wedding during my childhood with a floral decoration consisting of hundreds of lady's slipper blossoms – orchids – unimaginable today. There is a different situation in New Zealand, where in some places introduced tiger lilies grow in masses along the highways, a striking roadside 'weed'.

Let us return to our increasingly dense garden (8). The lilies and their relatives, the day lilies (7), are putting on a big show. Yet there is always a bit of room for a decorative pot plant like the blue potato bush (2) and obligatory spontaneous guests like the evening primrose (1). The evening primroses are all wildflowers. They are biannual, i.e. they produce a vegetative rosette in the first year and the flower in the second. The mullein, which appears spontaneously in the garden from time to time, follows a similar 'career plan'. It is a particularly welcome guest, since its decorative form and colour fit in well with our gardening philosophy. A few years ago, I was amazed to find a young plant with leaves that I did not recognize in the middle of the thicket of the Americans. A week later it became clear: it was Alpine enchanter's nightshade from the forest, today my favourite weed.

> As a child, I picked Turkscap lilies in the woodlands on Lake Constance and regularly presented my mother with a bouquet.

(5)

(6)

(7)

Einjährige Sommerblumen wie die Zinnien übernehmen als unsere beliebtesten sommerlichen Lückenfüller die Plätze der Zwiebelpflanzen zwischen den ausdauernden Stauden.

Annual summer flowers like the zinnias take over from the bulbs as our favourite summer gap fillers between the perennials.

Frühsommer | 9. JULI

Die perfekte sogenannte Radiärsymmetrie der Korbblütler-Blütenstände war und ist eine Inspirationsquelle für den Dombaumeister genau wie für den Tortenbäcker.
The perfect so-called radial symmetry of the composite flower heads has always been and still is a source of inspiration, for the cathedral architect as for the confectioner.

Sonnenauge Gartensorte | *Heliopsis* cultivar | *Heliopsis* cultivar

9 JULY | Early summer

Was wie eine einzige Blüte aussieht, ist eigentlich ein Blütenstand. Die rosa Zungenblüten umschließen einen Kranz sogenannter Scheibenblüten.
What looks like one single flower is really a flower head.
The pink ligulate petals enclose a ring of so-called discoid flowers..

Zinnie Gartensorte | *Zinnia* cultivar | *Zinnia* cultivar

Der Übergang von Wild- zu Kulturpflanzen ist oft fließend. Die Kugeldistel ist eine Selektion, die nur ein wenig größer und farbintensiver ist als die wilde Stammform.

Often, there is a fluent transition from wildflower to cultivar. The globe thistle is a selection, just slightly bigger and with a more intensive colour than the wild form.

Blutweiderich hat sich spontan im Garten eingefunden und das Teichufer erobert. In Nordamerika ist er aufgrund seiner Konkurrenzkraft zu einem gefürchteten Neophyten, einem eingeschleppten Unkraut, geworden.

Purple loosestrife has self-sown in the garden and conquered the edge of the pond. In North America, its strong competitive habit has made it a dreaded neophyte, an introduced weed.

Frühsommer | 9. JULI

Die blauen Blütenstände der Wilden Wegwarte, einer Löwenzahnverwandten, sind sehr kurzlebig. Sie sind nur ein paar Vormittagsstunden an einem Tag geöffnet.
The blue flowers of the wild chicory, a relative of the dandelion, are very short-lived. They only open for a few morning hours on one day.

Wegwarte | *Common chicory* | *Cichorium intybus*

9 JULY | Early summer

Unser Malvenstrauch ist den ganzen Sommer über mit Blüten übersät. Zwar sind auch seine einzelnen Blüten sehr kurzlebig, aber es kommen ständig neue nach.
Our mallow shrub is covered in flowers for the whole summer. Its individual flowers are also very short-lived but it keeps producing new ones.

Buschmalve | *Tree mallow* | ***Lavatera*** cultivar

Mein Garten | My garden

EXKURS | EXCURSUS 5

Ein Garten für das 21. Jahrhundert | Exkurs 5

PFLANZENGESELLSCHAFTEN

EIN GEWIRR VON BLÄTTERN UND STÄNGELN charakterisiert die Art von Grünflächen in meinem Garten, die ich Rasenwiese nenne. Ich warte mit dem Mähen, bis die Krokusse und Narzissen eingezogen haben, das heißt, Zeit genug hatten, ihre Speicher im Boden, so da sind Zwiebel, Knollen, Rhizome, wieder aufzufüllen. Das ist meist die Zeit nach der Ausreifung des Löwenzahns. Auf der gemähten Fläche finden die kleinen „Fallschirme" des Löwenzahns genügend „safe sites", wie es im Fachjargon heißt, zum Keimen, und meine Rasenwiese ist etwas „Löwenzahn-lastig". Der Punkt ist auch, dass ich immer einen Teil stehen lasse und Samenquellen da sind. Die Behandlung der Grünflächen ist sehr opportunistisch, ob früher oder später gemäht wird, hängt von der verfügbaren Zeit ab, wie oft, vom Zustand. Der Grundcharakter der Rasenwiese ist der einer Pflanzengesellschaft, die aus zahlreichen Arten zusammengesetzt ist. In der Natur oder auch nur dort, wo sich Pflanzen spontan entfalten können, gibt es keine Monokulturen wie im Maisfeld, wobei auch dort die „saubersten" nicht ganz frei von Wildkräutern oder Gräsern sind. Arten wie das Ackerstiefmütterchen haben Herbizidresistenz entwickelt, sind aber durch ihre Zartheit kein Problem.

Das Pflanzengewirr auf dem Bild wirkt chaotisch, ist es aber nicht. Machen wir einen kurzen Check. Es sind mindestens acht verschiedene Gräser und Kräuter, die Zinnie nicht mitgerechnet. Sie steht in der zentralen Rabatte. Jede Art hat ihre eigene Struktur, besetzt Raum, strebt nach Licht, ist verschieden groß. Konkurrenzstarke Arten dominieren, schaffen aber so Lücken für eine ganze Reihe kleinerer Arten mit geringerer Konkurrenzkraft. So, und jetzt darf ich, der Blümchenzähler unter den harten Naturwissenschaftlern, einmal zeigen, dass wir auch nach Theorien streben. Die Struktur von Pflanzengesellschaften folgt sehr oft einer logarithmischen Normalverteilung, das heißt, nur einige wenige machen die Masse, andere wurzeln verstreut zwischen diesen. Es ist ein Spiel von Konkurrenz, Zufall und – jetzt aufgepasst – von gegenseitiger Unterstützung und Förderung. Der Klee links unten holt mit den Knöllchenbakterien Stickstoff aus der Luft, Gräser wachsen dann besser, Löwenzahn sowieso. Dieser beschattet den Klee und schützt ihn so vor der austrocknenden pannonischen Sonne. Ich darf wiederholen: Meine Rasenwiese ist kein grünes Chaos, und es gibt noch andere Modelle wie das sogenannte „broken stick model", bei dem es annähernd gleich viele große, mittlere und kleine Beteiligte gibt.

Und wenn dann in der Umgebung die Rasenmäher dröhnen, dann höre ich meine Pflanzen singen: „Hey, people! Let us plants alone…" Ich singe mit und lasse die Motorsense weitere 14 Tage im Geräteschuppen hängen.

PLANT COMMUNITIES

A TANGLE OF LEAVES AND STEMS characterizes the green areas in my garden that I call a lawn meadow. I leave the mowing until the crocuses and daffodils have contracted, i.e. until they have had time enough to replenish their underground storage (the bulbs, tubers and rhizomes). This usually coincides with the time the dandelion seeds ripen. On the mown area, the small parachutes of the dandelions find enough safe sites to germinate and my lawn meadow is somewhat 'dandelion-heavy'. I always leave some part standing, so there is a source of seeds. I am very opportunistic in dealing with the green areas: the available time and the state of the place determine whether I mow sooner or later. The basic character of the lawn meadow is that of a plant community made up of numerous species. In nature, and wherever plants can thrive spontaneously, there are no monocultures like in the maize fields, although even the 'cleanest' of those are not entirely free of wildflowers or grasses. Species like the field pansy have developed a resistance to herbicides but pose no problem as they are so dainty.

The tangle of plants in the photograph looks chaotic but isn't. Let's check it briefly: there are at least eight different grasses and herbaceous plants, not counting the zinnia in the central border. Each species has its own structure, conquers a certain space, is of a different size. Strongly competitive species dominate but also create gaps for a series of smaller, less competitive species. And now let me, the humble plant counter among the hard natural sciences, demonstrate that we too strive for theories: the structure of plant communities often conforms to a logarithmic normal distribution. This means that just a few plants make up the bulk, others root scattered between them. It is a game of competition, coincidence and – wait for it – mutual support and encouragement. The clover at the bottom left fixes nitrogen from the air with its rhizobia. This makes grasses and, of course, dandelions grow better. The dandelion makes shade for the clover and protects it against the drying Pannonian sun. I repeat, my lawn meadow is no green chaos. There are other models, like the so-called broken stick model, with roughly the same number of large, medium-sized and small participants.

And when the lawn mowers roar all around, I hear my plants sing, 'Hey, people! Leave us plants alone…' I join them in their song and leave the trimmer in the shed for another fortnight.

Zinnie Gartensorte | *Zinnia* cultivar | *Zinnia* cultivar

Ein Garten für das 21. Jahrhundert | A 21st Century Garden

HOCHSOMMER | MIDSUMMER

WELCHE PFLANZENARTEN, WENN NICHT ZINNIEN UND DAHLIEN, gehören zum Sommer wie Urlaub und Bademantel. Hier im warmen Osten zwingt der geringe Niederschlag manchmal sogar zum täglichen Bewässern. Ohne das geht es nicht, denn die Strahlung ist durch die klare, trockene Luft sehr hoch. Das Bild dokumentiert das Pannonikum als Licht-Landschaft, auch wenn nur eine Zinnien-Blüte, genauer ein Blütenstand, Motiv ist. Strahlende Sommer- und Herbsttage geben dem Garten ein südliches Flair. Im Garten wächst so alles vor sich hin: Rosen, Sonnenblumen, Tithonien. Erste reife Früchte können geerntet werden: die Stachelbeeren, wilde Erdbeeren, Kirschen. Es ist auch die hohe Zeit der Unkräuter, vor allem von Pflanzen der sogenannten Schleiergesellschaften, die, würde man sie lassen, die ganze Blumenpracht überwuchern würden. Winde mit den weißen Blütentrichtern lasse ich dort wachsen, wo sie die Buntheit verstärken, wie in den Rosen, Zaunrübe gefällt mir einfach, Knöterich weniger, und – letztlich – Kletten-Labkraut gefällt mir gar nicht. Ich entferne es fast vollständig, aber es ist dermaßen vital, dass sich Reste oder Samen trotzdem halten. So vergeht der Sommer mit Zupfen, Schneiden, Mähen, Gießen und allerlei Kurzweil.

WHICH SPECIES, IF NOT ZINNIAS AND DAHLIAS, belong to summer like holidays and bath towels? Here, in the warm east, the low precipitation sometimes forces us to water daily. There is no way around it, the radiation is very high in the clear, dry air. The photograph represents the Pannonian area as a landscape of light, even if the motif is just one zinnia flower, or flower head, to be precise. Blazing summer and autumn days impart a southern flair to the garden. Everything in the garden is busy growing: roses, sunflowers, tithonias. The first ripe fruit can be harvested, the gooseberries, wild strawberries, cherries. It is boom time for the weeds, too, especially the plants of the so-called veil community. If you let them, they would overgrow the whole splendid flower display. I let the bindweed grow where its white flower trumpets emphasize other plant's colours, as they do in the roses. I simply like bryony, knotweed less so and cleavers not at all. I eradicate it almost completely but it is of such vitality that some bits or seeds always remain. So the summer passes with pulling, cutting, mowing, watering and all kinds of pastime.

Die Blütenkonstruktion der Korbblütler ist kompliziert, aber erfolgreich. Mit über 20 000 Arten übertrifft diese Familie alle anderen. Eher wenige Nutz-, aber viele Gartenpflanzen wie die Zinnien gehören ihr an. | *The flower of the composites is a complicated but successful construction. At more than 20 000 species, this family is larger than any other. It does not include many culinary plants but numerous decorative plants like the zinnias.*

*Natürlich greife auch ich ein, bevor Zaunwinde und Knöterich alles überwuchern.
Aber solang sie nur in Maßen, statt in Massen vorkommen, sind sie durchaus dekorativ.*

Of course I intervene before bindweed and knotweed overrun everything, but in small doses they are quite decorative.

Hochsommer | 23. JULI

SCHÖN WAR SIE, DIE LILIENPHASE, und mit ihr ist der Frühling endgültig vorbei. Auch die letzten, die Hemerocallis oder Taglilien, sind fast abgeblüht. Apropos Hemerocallis: In Sumpfwiesen der Japanischen Alpen habe ich sie in Massen blühen gesehen, ein leuchtendes Orange, satt und auffällig. Auch unsere heimische Art, die Gelbe Taglilie (*Hemerocallis lilio-asphodelus*) hat, wie ihr Name schon sagt, ein schönes Hellgelb. Und was haben die Züchter daraus gemacht? Die zahlreichen modernen Sorten sind dem Zeitgeist nachempfunden. Sie sind fad, eine bisschen verwaschene Farbe, eine Art schmutziges Violett dazwischen. Die Blüten wirken blass, kränkelnd, regelrechte Geisterblumen sind das. Leute, lasst die Blumen in Ruhe oder züchtet was Gescheites, auch wenn es schwarze Veilchen oder grünweiße Viridiflora-Tulpen sind. Ja, ich weiß, dass Leute gefärbte Chrysanthemen kaufen. Gefärbte Chrysanthemen habe ich übrigens zum ersten Mal ausgerechnet in der Karibik auf dem Markt von Pointe-à-Pitre gesehen. Wo bleibt der Gärtnerstolz? Wozu züchten, wenn man dann mit Glitzerpuder der Pflanze ihre Würde nimmt? Man verzeihe mir diese Erregung, und ich weiß, dass es für alle diese Aktivitäten Argumente gibt. Als Gärtner, der vom Verkauf lebt, Kunden erziehen zu wollen, das führt schnurstracks in den Konkurs.

Es ist Hochsommer, und mein Garten bereitet sich auf den Höhepunkt der Blütenpracht vor. Manche Zinnien sind schon voll aufgeblüht (1), andere noch nicht (2), die Georginen starten an (8), und ein paar ausdauernde Rosen halten noch mit (4). Für farbiges Geleit sorgen die blaue Afrikalilie (6) im Kübel und die Entdeckung der letzten Jahre, die Spinnenblume (7). Dass das Jahr schon weit fortgeschritten ist zeigen Hagebutten (5) und fruchtende Wildlinge. Klettenkerbel (3) gehört auch zu diesen Wildblumen, blüht und fruchtet vor sich hin. Schon der Name des Klettenkerbels verrät, auf welchem Weg er in unseren Garten gelangt ist, unsere Vierbeiner haben nachgeholfen und die Samen im Fell mitgetragen. Er heißt übrigens nur so ähnlich wie das Gewürzkraut, ist aber nicht in der Küche zu verwenden. Bei den Doldengewächsen, zu denen beide gehören, ist übrigens Vorsicht geboten. Zu ihnen gehören auch sehr giftige Arten wie etwa Schierling.

Interessant ist das Faktum, dass die meisten Arten, die den phänologischen Jahreszeiten das Gepräge geben, bis in den Frühsommer primär eurasiatisch verbreitet sind. Das gilt vor allem für die Geophyten. Das späte Blühen der Prärierarten, die ab August alles dominieren, ist auffällig. Aber auch hier gilt: Biologie ist die Wissenschaft von den Ausnahmen.

Wo ist Lois? Er kann sich vom Buchsbaumzünsler nicht losreißen. Die kleinen grünen Raupen haben ihr Zerstörungswerk fast vollendet (siehe Exkurs Schädlinge). Das Verbinden von Jahrmillionen lang getrennten Lebensräumen durch die modernen Verkehrsmittel hat eben Licht- und Schattenseiten. Ich mag gar nicht hinsehen in das zerstörte Geäst.

> Leute, lasst die Blumen in Ruhe oder züchtet was Gescheites, auch wenn es schwarze Veilchen oder grünweiße Viridiflora-Tulpen sind.

(1)

(2)

(3)

(4)

23 JULY | Midsummer

THE LILY PHASE WAS BEAUTIFUL and with it ends spring. Even its last representatives, the day lilies or hemerocallis, have almost finished flowering. Speaking of hemerocallis: I have seen masses of them in water meadows of the Japanese Alps, a sea of bright orange flowers, rich and striking. Our native species, the yellow day lily (*Hemerocallis lilio-asphodelus*), does its name proud with a beautiful light yellow. And what have plant breeders done with it! The numerous modern varieties follow the spirit of the times. They are boring, with a bit of washed-out colour in dirty purple thrown in. The flowers look pale, sick, veritable spectres. Folks, leave the flowers alone or breed something clever, be it black violets or green-white viridiflora tulips. Yes, I know, people buy dyed chrysanthemums. The first time I came across those was in the Caribbean of all places, on the market in Point-à-Pitre. What about breeder's pride? Why breed plants, only to take away their majesty with glitter powder? Forgive my agitation, I know you can argue for all these activities. A nursery owner who makes his living selling plants is on the road to ruin if he tries to educate his customers.

It is midsummer and my garden is getting ready for the peak of flowering. Some zinnias have opened fully (1), others not yet (2), the dahlias are starting out (8), and a few untiring roses are keeping their show on the road (4). Colourful accompaniment comes from the African blue lily (6) in the pot and from a recent discovery, the spider flower (7). How far the year has progressed can be seen from the rosehips (5) and the fruiting wild plants. These include the upright hedge-parsley (3), which flowers and sets seed to its heart's content. It has been introduced to our garden with the help of our pets who have carried its burrs in their fur. Although its name reminds us of the kitchen herb, it is not suitable for culinary uses. The umbellifers, to which hedge-parsley and kitchen parsley belong, must be treated with caution as they include some very poisonous species like the hemlock.

Interestingly, most species in the phenological seasons up to early summer are native to Eurasia, particularly the geophytes. I am struck by the fact that, from August onwards, the late-flowering prairie species dominate. Again: biology is the science of exceptions.

Where is Lois? He can't let go of the box moth. The little green caterpillars have almost completed their destructive work (see the Excursus on Pests). Connecting habitats, which have been separated for millions of years, through modern means of transport has its ups and downs. I cannot bear to look at the ruined branches.

> Folks, leave the flowers alone or breed something clever, be it black violets or green-white viridiflora tulips.

(5)

(6)

(7)

(8)

Mein Garten | My garden

Hochsommer | 23. JULI

Die Herbstanemone stammt, im Gegensatz zu den amerikanischen Korbblütlern, aus Ostasien und ist ein Hahnenfußgewächs.
Unlike the American composites, the autumn anemone comes from East Asia and belongs to the crowfoot family.

Herbstanemone Gartensorte | *Autumn anemone* cultivar | *Anemone* cultivar

Der Wiesenpippau hat vom Wind verbreitete Samen wie der Löwenzahn.
Die effiziente Verbreitung ist eine der typischen Eigenschaften von Unkraut.
The rough hawk's beard is distributed by the wind just like the dandelion.
Efficient dissemination is a typical feature of weeds.

Wiesenpippau | *Rough hawks's beard* | **Crepis biennis**

Hochsommer | 23. JULI

Die Sonnenbraut ist schon vor der Blüte eine aparte Schönheit. Ihr deutscher Name erinnert an die Verwandtschaft mit der Sonnenblume, der wissenschaftliche Name Helenium ist aber geläufiger.
The helenium is a striking beauty even before flowering. Its German name 'Sonnenbraut' indicates its kinship with the sunflower, but it is better known by its botanical name helenium.

Sonnenbraut Gartensorte | *Helenium* cultivar | *Helenium* cultivar

Die Zinnie allein wäre schon ein attraktives Foto. Aber erst mit dem Blatt der Quecke bekommt das Bild den besonderen künstlerischen Charakter.
Even on its own, the zinnia would make an attractive motif. With the addition of the couch grass leaf, the photograph takes on that special artistic quality.

Zinnie Gartensorte | *Zinnia* cultivar | *Zinnia* cultivar

Wie schnell und effektiv Ranken, hier die einer Zaunrübe, für Halt und Weiterkommen sorgen können, ist immer wieder beeindruckend. Dabei erreichen sie Festigkeiten wie Draht.

The speed and efficiency with which tendrils, here those of a bryony, ensure support and progression never fails to impress me. They become as strong as wire.

Ab Juli macht die Blumenschlucht ihrem Namen alle Ehre. Von der Terrasse aus sehen wir nur mehr Blüten, hier im Vordergrund Blutweiderich und Sonnenhut.

From July, the flower ravine lives up to its name. All we can see from the patio are flowers, here purple loosestrife in the front and black-eyed Susan.

Wir halten die Dahlien in Töpfen. In ihrer empfindlichen Jugendphase sind sie so leichter vor Schnecken zu schützen, und wenn sie blühen, haben wir immer einen Blickfang bei der Hand.

We keep the dahlias in pots. This makes them easier to protect against slugs and snails during their delicate youth and once they flower we always have an eyecatcher at hand.

Hochsommer | 16. AUGUST

> Glücklicherweise haben wir im Dorf einen guten Gärtner, der uns die gesammelten Samen anzieht.

ES IST HOCHSOMMER GEWORDEN. Die leuchtenden Blüten (oder eigentlich Blütenstände) von Sonnenhut, Sonnenauge, Sonnenblumen und wie sie sinnigerweise im Deutschen alle heißen strahlen mit der Sommersonne um die Wette. Sonnenblumen (2) sind die speziellen Lieblinge meiner Frau und daher ein absolutes Muss in unserem Garten. Bis vor wenigen Jahren gab es ganz in unserer Nähe den sogenannten Sonnenblumenpark, wo auf einem großen Feld über 130 Sorten kultiviert wurden und von dem wir bei unseren Besuchen gelegentlich ein paar Samen mitnahmen. Unser Nachbarort führt eine Sonnenblume sogar im Wappen, also ohne Sonnenblumen geht es auch bei uns nicht. Traudls Vorsätze, sie selber nachzuzüchten, scheitern allerdings regelmäßig an den Meisen. Ihnen zuzuschauen, wie sie die Kerne aus den Blütenköpfen holen, ist einfach zu drollig, als dass wir es übers Herz brächten, die Samen „vorschriftsmäßig" durch eine Stoffhülle zu sichern. Also kaufen wir im Frühjahr Samenpäckchen und im Winter Vogelfutter und verschieben unsere züchterischen Ambitionen auf später. Immerhin gelingt es uns, durch Anziehen eingetopfter Samen die übliche Blütezeit der Sonnenblumen zu verlängern. Und so blühen bei uns noch welche, wenn auf den umliegenden Äckern längst schon nur mehr ihre dunklen Fruchtstände stehen.

Die Sonnenblumen ragen deutlich über die Beete hinaus, aber die Stauden sind mittlerweile kräftig gewachsen, und die Zinnien halten tapfer mit. Die Unkrautteppiche aus dem Frühjahr sind unter den dichten Blättern über den Beeten scheinbar völlig verschwunden. In diese stattliche Gesellschaft hat sich die Schildblume, auch Schlangenkopf genannt, die wir noch nicht lange haben, gut eingefügt (3). Diese dankbare, robuste Staude stammt ebenfalls aus Amerika, hat aber, fast bin ich versucht zu sagen: ausnahmsweise, nicht gelbe, sondern rosa Blüten.

Hohe, große Pflanzen scheinen in letzter Zeit etwas aus der Mode zu kommen. Je überdimensionaler die „Wohnlandschaften" in den Häusern werden, desto kleiner werden die Pflanzen in den Gärten. Es gibt niedrige Zinnien, Minidahlien und kurze Tithonien, und ich frage mich manchmal, ob das alles nur eine Anpassung an knapp bemessene Flächen ist oder ob der moderne Mensch den Pflanzen einfach nicht so viel Platz zugestehen will. Uns jedenfalls gefallen die unmodern hohen Zinnien (1, 3) und die mannshohen Tithonien mit ihrem ausladend sparrigen Wuchs. Besonders die großen Tithonien sind aber gar nicht leicht aufzutreiben. Glücklicherweise haben wir im Dorf einen guten Gärtner, der uns die gesammelten Samen anzieht. Auf dem Fensterbrett würden sie unweigerlich vergeilen, aber für ein eigenes Glashaus haben wir in unserem Garten leider beim besten Willen keinen Platz. Und daher besorgen wir uns die jungen Zinnien und Tithonien vom Fachmann mit dem Profiglashaus.

16 AUGUST | Midsummer

IT HAS TURNED HIGH SUMMER. The bright flowers (or rather flower heads) of black-eyed Susan, heliopsis, sunflower etc. are blazing in competition with the summer sun. Sunflowers (2) are my wife's special favourites and thus a must in our garden. Until a few years ago, there was a so-called 'sunflower park' near us. In a large field, the operators cultivated more than 130 varieties and occasionally we brought back a few seeds from our visits. The neighbouring village even has a sunflower in its coat of arms, so there is no escaping sunflowers around here. Traudl's plans to breed them in our garden are regularly scuppered by the tits. They are too cute to watch as they pick the seeds out of the flower heads. We have not got the heart to secure the seeds 'professionally' by wrapping the seed heads in muslin. Instead, we buy seeds in spring and birdseed in winter and postpone our breeding ambitions. At least we succeed in prolonging the sunflower season by starting some off in pots. In our garden, there are still some sunflowers in bloom when in the neighbouring fields all you see is their dark seed heads.

The sunflowers tower over the borders but the perennials have grown strong and the zinnias are keeping up bravely. The carpets of weeds from spring seem to have disappeared under the dense foliage in the borders. The turtle head, a recent addition to our garden, has integrated well into this imposing community (3). This rewarding, robust perennial also comes from America, but flowers in pink for a change, I am almost tempted to say, as an exception.

Large, tall plants have recently gone out of fashion it seems. The bigger the sofas become inside, the smaller the plants outside. There are dwarf zinnias, mini-dahlias, short tithonias. I sometimes wonder if all this is merely an adaptation to small plots or if modern man just does not want to accord plants that much space. As for us, we certainly enjoy our unfashionably tall zinnias (1, 3) and the head-high tithonias with their expansive growing habit. It is not easy to get hold of the large tithonias. Fortunately, we have a good nursery in the village where they grow the seeds on that we collect. They would always grow too lank on the window sill and we just have not got the space for a conservatory in our garden. So we get the young zinnias and tithonias from the expert with the professional greenhouse.

> **Fortunately, we have a good nursery in the village where they grow the seeds on that we collect.**

(1)

(2)

(3)

Wie mit kleinen Dachziegeln schützt die Knospe den Blütenstand der Zinnie. In ihrem Inneren ist schon alles fertig angelegt. Zum Aufblühen braucht es nur mehr Streckungswachstum.

The bud of the zinnia protects its flower head with rooftile-shaped bracts. Inside, everything is set up. All it needs to flower is some longitudinal growth.

Schlitzblatt-Storchschnabel | *Cut-leaved cranesbill* | *Geranium dissectum*

Zinnie Gartensorte *mit Zaunwinde* | *Zinnia* cultivar *with bindweed* | *Zinnia* cultivar, *Calystegia sepium*

Die mittlerweile aus der Mode gekommene Bezeichnung „Georgine" für Dahlie, besonders für die Ball- oder Pomponsorten, nimmt mich verständlicherweise besonders für sie ein.

Understandably, the now unfashionable name 'Georgina' for dahlias, especially the ball or pompon varieties, makes me like it all the more.

Hochsommer | 16. AUGUST

Blaue Pigmente fehlen im Erbgut der Dahlien. Daher ist der Versuch, wirklich blaue Dahlien zu züchten, bisher gescheitert.
The hereditary substance of dahlias lacks blue pigment. This is why there has been no successful attempt yet at breeding true blue varieties.

Schmuckdahlie 'Balthasar' | *Dahlia* 'Balthasar' | *Dahlia* 'Balthasar'

Betrachter von Dahlien und ähnlichen Blumen bewundern die geometrische Anordnung der „Blätter", die Blüten sind.
Admirers of dahlias and similar flowers appreciate the geometrical arrangement of the 'petals', which really are florets.

Schmuckdahlie 'Balthasar' | *Dahlia* 'Balthasar' | *Dahlia* 'Balthasar'

EXKURS | EXCURSUS 6

SCHÄDLINGE

ICH BIN NATURSCHÜTZER, weil ich möchte, dass meine Enkel noch Blumen pflücken können. Dazu muss es einfach so viele geben, dass die Entnahme von etlichen Sträußen nicht schadet. Ganz ähnlich sehe ich das Schädlingsproblem im Garten. Manchmal ist es nämlich keines. Ich trachte danach, dass die verursachten Verluste nicht zu groß für die Bestände meiner Gartenpflanzen werden. Das klingt ganz einfach und ist es manchmal auch. Unsere Seerosen etwa überleben den Blattfraß durch die Larven des Seerosenblattkäfers nicht nur, sie blühen trotzdem prächtig. Und manches Mal fällt mir die letzte Zeile des treffenden und jedem Gartenfreund wärmstens empfohlenen Rosengedichts von Wilhelm Busch ein: „… kein Röslein ohne Läuschen". Dramatischer sieht es schon beim Gilbweiderich aus, bei dem immer wieder etliche Individuen durch Scharen kleiner Räupchen skelettiert werden. Aber die Meisen wollen ja auch von etwas leben, und Gilbweiderich haben wir genug.

Aber ganz so gelassen bleibe auch ich nicht immer. Es gibt auch in meinem Garten Schädlinge im engen Wortsinn, die wirkliche Schäden anrichten: Schnecken. In regnerischen Sommern ist die „Schneckenrunde" mit der Stirnlampe zum Abendritual geworden. Ausbeuten von über dreihundert Schnecken pro Abend über mehrere Wochen hinweg sind dann keine Seltenheit. Zwar wäre unser Garten eigentlich höchst igelfreundlich, aber leider pöbelt Bruno jeden Igel, der in unserem Schnecken-Dorado aufräumen möchte, so lange an, bis er sich eine ruhigere Bleibe sucht. Und so müssen wir uns selbst um die Schnecken kümmern und kombinieren die mechanische Bekämpfung mit der Gartenschere mit einer Vermeidungsstrategie. Auf manche Arten, die den Schnecken besonders schmecken, haben wir mittlerweile verzichtet. Unsere speziell gefährdeten Lieblinge, die Dahlien, treiben wir in Töpfen vor, und das Salatbeet, bei dem Traudl überhaupt keinen Spaß versteht, schützen wir mit einem Schneckenzaun aus Metall. In besonders harten Fällen greifen wir auch zu Ferramol.

Besonders rabiate Schädlinge sind – nicht nur bei den Schnecken – eingeschleppte Arten. So ist im Tullner Raum der ostasiatische Buchsbaumzünsler, kaum, dass er zum ersten Mal auftauchte, schon zum massiven Problem geworden (Raupe, siehe Seiten 254/255). Eine schnelle Generationenfolge ermöglicht dem kleinen Schmetterling eine rasche Vermehrung. Dem Zünsler ist im letzten Jahr auch unsere alte, noch von den Vorbesitzern „geerbte" Buchsbaumhecke zum Opfer gefallen. Wir machten aus der Not eine Tugend, schnitten sie drastisch zurück und verwandelten sie so in ein großes Rankgitter, an das wir Clematis und eine Ramblerrose gesetzt haben, deren Entwicklung wir nun gespannt beobachten.

PESTS

I AM A CONSERVATIONIST because I want my grandchildren to still be able to pick flowers. For this to happen, there must be so many flowers that it does not matter if you gather a few bouquets. I take a similar view of the problem with the garden pests. Sometimes there isn't one. My aim is to keep the losses to a level that is not too bad for my garden plants. This sounds simple and sometimes it is. Our water lilies, for instance, do not just survive the attack on their leaves by the larvae of the water lily leaf beetle, they flower abundantly despite it. And sometimes I remember the last line of the apt rose poem by Wilhelm Busch, which I recommend to any garden lover, '… kein Röslein ohne Läuschen' (no little rose without a little louse). The situation is more dramatic with the loosestrife. Many individual plants get skeleted by hordes of small caterpillars. But then, the tits need something to feed on and we have plenty of loosestrife.

Not that I remain this laid back all the time. My garden also knows pests in the narrow sense of the word, which cause real damage: slugs and snails. In rainy summers, I have established an evening ritual of doing the 'slug rounds', wearing a headlamp. Often I harvest more than three hundred slugs each evening for weeks in a row. In principle, our garden would be very welcoming for hedgehogs, but unfortunately Bruno has a go at any hedgehog who might want to tidy up our snail paradise until he goes somewhere quieter. So we have to deal with the slugs and snails ourselves, in a mix of mechanical control with gardening scissors and an avoidance strategy. Some species that slugs and snails like best, we eventually stopped planting altogether. We start off our most threatened favourites, the dahlias, in pots and protect the lettuce bed, certainly no laughing matter where Traudl is concerned, with a metal barrier to keep out the slugs and snails. In the most severe cases, we also reach for Ferramol slug pellets.

The most rabid pests, not only with slugs, are the introduced species. In the Tulln region, the East-Asian box tree moth became a massive problem as soon as it first appeared (caterpillar on page 254/255). A quick succession of generations guarantees the little butterfly fast proliferation. Last year, our old box hedge, which we had 'inherited' from the previous owners, also fell victim to the box tree moth. We made a virtue out of necessity, cut it back drastically and turned it into a large trellis. We planted clematis and a rambling rose to grow up it and watch their development with keen anticipation.

Blick vom Balkon in unseren „Dschungel" | *The view from the balcony towards our 'jungle'*

SPÄTSOMMER | LATE SUMMER

JETZT, DA DER GARTEN „KIPPT" UND HERBSTLICH WIRD, fallen die Einzelpflanzen aus der Blumenschlucht weniger auf. Seit Jahren bewegt mich eine Beobachtung im Garten. Es fehlt oder fehlte zur Klärung die Zeit, oder ich mag nicht, sitze einfach da, starre in die Blumen, bis es dunkel wird. Es geht um Biogeografie, um die Verbreitung von Arten. Tulpen, Narzissen, Lauche, Lilien sind altweltlich und blühen in der ersten Hälfte des Gartenjahres. Die Sommerblumen dagegen, fast alle Korbblütler, blühen gelb, orange und sind neuweltlich, aus Amerika. Was wäre unser Sommergarten ohne „Amerikaner"? Was wäre das Gemüsebeet ohne sie: keine Buschbohnen, keine Tomaten, keine Kartoffeln.

Doch zurück zu den Dekorativen. Auch die Dahlien mit ihrem nahezu unbegrenzten Zuchtpotenzial sind neuweltlich. Bei ihrer Betrachtung sei nochmals daran erinnert, dass das, was als Blüte erscheint, ein Blütenstand ist, jedes farbige „Blatt" stellt eine eigene Blüte dar. Bei der Tithonie gibt es Blüten wie auch bei den Wildformen, die den Pollen mit dem Griffel aus einer Staubblattröhre schieben. Die Löwenzähne schließlich brauchen nur den Bestäubungsreiz ohne Befruchtung für die Samenbildung. Glauben Sie jetzt, dass man sich für Botanik begeistern kann?

NOW THAT THE GARDEN 'TIPS' INTO AUTUMN, the individual plants in the flower ravine are less striking. For years I have been musing about something I have observed in the garden. But either there is or was no time to clarify it, or I don't feel like it and rather sit there staring into the flowers until the light fades. It is about biogeography, the dissemination of species. Tulips, daffodils, leeks, lilies are from the Old World and flower in the first half of the garden year. The summer flowers, in contrast, almost all of them compositae, flower yellow and orange and come from the New World, from America. What would our summer garden be without the 'Yankees', or our vegetable patch: no dwarf runner beans, no tomatoes, no potatoes.

But back to the decorative plants. Dahlias, too, with their almost limitless breeding potential, are from the New World. Let me remind you that what appears as the flower is really a flower head, each colourful 'petal' is a separate floret. The tithonia and its wild forms have flowers that push the pollen from the stamen tube with the style. The dandelions only need the pollination trigger without fertilization to make seeds. Can you now believe that one can get enthusiastic about botany?

Das Gartenjahr nähert sich seinem Höhepunkt. Die Beetstauden wetteifern miteinander um Platz und Licht. Die Girlanden der Mauerkatze, eine Liane, die die Hausmauer überzieht, hängen wie Vorhänge über den Balkon.
The gardening year is nearing its summit. The borders compete for space and light. The garlands of the Virginia creeper that covers the wall of the house hang like curtains from the balcony.

Das Wasser des Schwimmteichs sieht durch die Huminsäuren, die bei der Zersetzung von Falllaub entstehen, nicht nur moorig aus, es fühlt sich auch ebenso weich und angenehm an wie in einem Moorweiher.

Humic acid develops during decomposition of dead leaves and makes our pond not only look like a bog lake, it also feels just as soft and pleasant.

Spätsommer | 12. SEPTEMBER

IM SPÄTSOMMER IST UNSER GARTEN AM ZENIT. Aus der Nähe schäumt die Blumenschlucht geradezu über von Farben und Strukturen. Dahlien (5, 7), Sonnenhut (1), Rosen (4), Zinnien (2), Anemonen (3) – es gibt immer Neues zu sehen. Extra „Schmankerln" wie die kleine gestreifte Studentenblume (6) stelle ich noch auf der Terrasse dazu. Dadurch, dass unser schmaler Plattenweg tiefer liegt als die Böschung, gehe ich sozusagen Auge in Auge mit meinen Blumen durch den Garten. Sie scheinen die Sonne genauso zu genießen wie ich.

Jetzt ist auch die beste Badezeit. Ich bin ja am Bodensee aufgewachsen und habe den See immer vermisst. Unser Teich ist zwar nur knappe hundert Quadratmeter groß, aber für uns perfekt. Der tiefe Bereich bietet mit drei mal sieben Metern genug Platz zum Schwimmen, die mit Seerosen und Röhricht dicht bewachsene Flachwasserzone ist so groß, dass wir keinerlei Technik brauchen, um das Wasser sauber zu halten. Der Bewuchs orientiert sich an natürlichen nährstoffarmen Weihern. Das Wasser ähnelt in Farbe und pH-Wert einem Moorsee. Professionelle Teichbauer sehen Schilf am Ufer nicht gerne, weil es zum Wuchern neigt. Wir haben es trotzdem und nützen diese Eigenschaft, um mit gelegentlichem Schnitt eine Menge Nährstoffe aus dem System zu entfernen. Außerdem schöpfen wir die fädigen Grünalgen ab, die sich in jedem Frühjahr ein paar Wochen kräftig entwickeln. Mehr greifen wir nicht ein. Seit wir ihn ursprünglich einmal aus dem Hydrant befüllt haben, speist er sich ausschließlich durch Niederschlag. Bei Trockenperioden sinkt sein Wasserstand ein bisschen, aber er ist im Gleichgewicht.

Gleich nach der Errichtung war das natürlich noch nicht der Fall. Es fehlte alles, keine Molche, keine Libellenlarven, keine Käfer, nur Mückenlarven gab es reichlich. Ein Freund versprach Abhilfe und brachte uns zwei Plastiksackerl mit je acht beistrichkleinen jungen Moderlieschen. Diese zierlichen einheimischen Fischchen sind die ideale Mückenpolizei. Wir ließen sie zu Wasser, wo sie sofort verschwanden. Nach einiger Zeit sahen wir sie wieder, sie wuchsen und wuchsen, und manche hörten auch nicht auf zu wachsen, als sie das normale Moderlieschenmaß schon deutlich überschritten hatten. Bald stellte sich heraus, dass in einem Sackerl versehentlich Rotfedern gewesen waren. So stattliche Fische wollten wir eigentlich mit Rücksicht auf die Amphibien nicht haben, aber nun war es passiert. Seitdem leben wir mit ihnen. Gelegentlich hat Kater Bole einen beim Ablaichen aus der Uferzone gefischt, was er aber wieder aufgegeben hat, nachdem er einmal im Jagdeifer ins Wasser geplumpst ist. Auch haben wir erfolgreiche Angelnachmittage veranstaltet, aber losgeworden sind wir sie bisher nicht wieder.

> … die mit Seerosen und Röhricht dicht bewachsene Flachwasserzone ist so groß, dass wir keinerlei Technik brauchen, um das Wasser sauber zu halten.

(1)

(2)

(3)

12 SEPTEMBER | Late summer

IN LATE SUMMER OUR GARDEN REACHES ITS ZENITH. Viewed close up, the flower ravine is all but foaming with colours and forms. Dahlias (5, 7), rudbeckias (1), roses (4), zinnias (2), anemones (3), there is something new all the time. I add treats, such as the small, striped French marigold (6) on the patio. As our narrow paved path runs lower than the bank, I walk practically eye to eye with my flowers. They seem to enjoy the sun as much as I do.

Now is the best bathing time. I grew up on Lake Constance and have always missed the lake. Our pond measures only about a hundred square metres, but for us it is perfect. The deep part, at three by seven metres, is big enough to swim in. The shallower part is overgrown with water lilies and reeds and big enough for us to need no technical solutions for keeping the water clean. The planting is similar to natural low-nutrient ponds. The water resembles a bog lake in colour and pH value. Professional pond makers do not like reeds at the water's edge because they tend to get out of hand. We keep them anyway and use their vigorous habit to take nutrients out of the system by cutting them back occasionally. We also fish out the green algae that spread quickly for a few weeks every spring. That's all we do. Ever since the first filling from the pipe, the water level has been kept up exclusively from precipitation. During dry periods, it sinks a bit but remains in balance.

The situation was quite different immediately after its construction. There was a lack of everything: no newts, no dragonfly larvae, no beetles, just plenty of mosquito larvae. A friend promised to fix this and brought two plastic bags with eight tiny young moderlieschens each. These dainty native fish are the ideal mosquito police. We put them to water and they disappeared at once. After a while, we saw them again, they grew and grew and some of them never stopped growing even after they had exceeded the normal size for a moderlieschen. Soon we found out that one of bags had not contained moderlieschens but rudds by mistake. We had not wanted such big fish because we feared for our amphibians, but the deed was done. Now we just live with it. Occasionally, Bole the cat has caught a rudd during spawning, but it abandoned that after falling in one year in its hunting frenzy. We have organized successful angling afternoons, but we have not got rid of the rudds yet.

> **The shallower part is overgrown with water lilies and reeds and big enough for us to need no technical solutions for keeping the water clean.**

(4)   (5)   (6)   (7)

Mein Garten | My garden

*Ohne Bewässerung geht es im Garten bei unserem pannonischen Klima nicht.
Die natürlichen Rasengesellschaften sind um diese Zeit bereits gelbbraun und trocken.*

In our Pannonian climate, there is no gardening without irrigation.
The natural grassland communities are yellowish-brown and dry at this time.

*Die jungen Knospen der Herbstanemone erinnern an Paukenschlegel.
Solche auffälligen Merkmale sind in der Regel die Grundlage für die Volksnamen von Pflanzen.*

The young buds of the autumn anemone are reminiscent of timpani mallets. Such striking features usually are the basis for the common names of plants.

*Die Blumenschlucht ist genauso geworden, wie ich sie mir gewünscht hatte.
Auge in Auge mit den Blumen bin ich hier unterwegs, um Duft und Farben zu genießen.*

The flower ravine has turned out exactly like I wanted it.
I walk here at eye level with the flowers and enjoy their scent and colours.

Die sogenannte Nervatur der Blätter, die durch den Verlauf der Leitbündel entsteht, ist ein Artmerkmal, weist aber auch individuelle Unterschiede auf.

The so-called venation of the leaves comes from the lay of the vascular bundles and is species-specific but with individual differences.

EXKURS | EXCURSUS 7

DIE GELBEN AMERIKANER

AM SCHÖNSTEN IST DER GARTEN IM SPÄTSOMMER. Das verdankt er den „gelben Amerikanern": Rudbeckien, Helenien und Heliopsis, allesamt Korbblütler, die ursprünglich aus den nordamerikanischen Hochgrasprärien stammen. Einst nahmen diese riesige Flächen im Mittleren Westen ein, heute sind sie durch gigantische Äcker ersetzt worden. Obwohl einem betont kontinentalen Klima mit wenig Niederschlag und kalten Wintern ausgesetzt, wuchsen die Hochgrasprärien auf durchaus günstigen Standorten, wo die Niederschlagsmenge eigentlich auch Wälder zugelassen hätte, die aber durch immer wiederkehrende gewaltige Brände verhindert wurden. Die Präriestauden wurden über zwei Meter hoch – der Anblick, der sich den ersten Siedlern geboten haben muss, ist heute kaum mehr vorstellbar. In amerikanischen Feldfloren sind heute als Standorte häufig nur mehr Straßenränder oder wüste Plätze angegeben. Erfreulicherweise haben sich die Gärtner dieser nahezu verschwundenen Schätze angenommen, und sie gehören heute zum fixen Repertoire der Gärten.

Zu Rudbeckia, dem Sonnenhut, gibt es eine originelle Geschichte. Auch in der Botanik ist es üblich, bedeutende Persönlichkeiten in Pflanzennamen zu verewigen. Rudbeckia ist nach Olof Rudbeck dem Älteren benannt. Er lebte von 1630 bis 1702, war Botaniker, Mediziner und Universalgelehrter, Rektor der Universität Uppsala und Gründer des dortigen botanischen Gartens. Bekannt bis heute wurde er allerdings durch seine skurrile These, Schweden sei Atlantis und ein Enkel Noahs hätte sich nach der Sintflut wegen des Fischreichtums dort angesiedelt.

Zurück zu den Amerikanern. Auch Sonnenblume, Topinambur, Studentenblumen und – wie der Name schon sagt – die Mexikanische Sonnenblume oder Tithonie sind amerikanischer Herkunft: Alle sind eng miteinander verwandt, aber sie haben sich sehr unterschiedlich bei uns etabliert. Die Studentenblumen gehören in zahlreichen Sorten zum Allerweltssortiment, das nur bei den Schnecken noch beliebter ist als bei den Gärtnern. Sonnenblumen werden verbreitet als Ölfrucht landwirtschaftlich angebaut. Mein Favorit, die leuchtend orangene Tithonie mit ihrem ausladenden Wuchs, ist eine anspruchsvolle Schönheit, die sich erst im heißen Sommer so richtig wohlfühlt. Topinambur dagegen ist alles andere als heikel. Er ist sowohl eine stattliche, dekorative Gartenpflanze als auch vielseitig nutzbar. Neuerdings sind seine jahrelang fast vergessenen Knollen als Gemüse wieder zunehmend beliebt, da die in ihnen enthaltene Stärke, das Inulin, auch für Diabetiker bekömmlich ist. Sie sind winterhart, und schon aus kleinen Bruchstücken können neue Pflanzen austreiben. So hat sich Topinambur teilweise schon im Freiland etabliert und ist auch nur schwer wieder loszuwerden, wenn man ihn einmal im Garten hat. Aber warum sollte man einer so prachtvollen Pflanze überdrüssig werden?

YELLOW YANKEES

IN LATE SUMMER, THE GARDEN IS AT ITS MOST BEAUTIFUL. It owes this to the 'yellow Yankees': rudbeckias, heleniums and heliopsis, all of them composite plants, originally from the North-American tallgrass prairies. These used to cover enormous areas in the Midwest, today they have been replaced by gigantic fields. Although exposed to a decidedly continental climate, with little precipitation and cold winters, the tallgrass prairies grew on quite favourable sites where precipitation would have been enough for forests, but these had been prevented by repeated great fires. The prairie grass grew to more than two metres in height. It is almost impossible to imagine the view presented to the early settlers. In American field floras today, these perennials are often only listed as growing along the edge of roads and in desolate places. Fortunately, gardeners have taken on these almost disappeared treasures and they now are part of the standard garden repertoire.

There is an original story about rudbeckias. Botanists also like to commemorate famous people in plant names. Rudbeckia is named after Olof Rudbeck the Elder. He lived from 1630 to 1702, was a botanist, physician and polymath, rector of the University of Uppsala and founder of its botanic garden. What made him famous, however, was his bizarre thesis that Sweden was Atlantis and a grandson of Noah had settled there after the Great Flood because of the rich fishing.

Back to the Yankees. Sunflower, Jerusalem artichoke, marigold and, as the name suggests, Mexican sunflower or tithonia come from America. They are all closely related but have established themselves in our garden in quite diverse ways. The many varieties of marigold belong to the standard garden repertoire and their popularity with gardeners is only surpassed by their popularity with slugs and snails. Sunflowers are widely cultivated as oilseed. My favourite, the bright orange tithonia, with its expansive growing habit, is a discerning beauty and only really comes into its element in the heat of summer. In contrast, the Jerusalem artichoke takes everything in its stride. It is a large, decorative garden plant and can be used in different ways. Recently, its tubers, which had been almost forgotten for years, have made a comeback as an increasingly popular vegetable. The starch they contain is inulin and wholesome even for diabetics. The Jerusalem artichoke is hardy and even small pieces of the tuber can sprout new plants. This is why it has spread into the open land in places and is difficult to get rid off once you have got it in your garden. But why would anyone grow tired of such a splendid plant?

Herbst-Eisenhut und Raublattastern | *Monkshood and New England asters* | *Aconitum charmichaelii, Aster novae-angliae*

FRÜHHERBST | EARLY AUTUMN

DIE LETZTE BLÜTENFÜLLE GEHÖRT DEN ASTERN. Das Problem mit den Herbststauden, neben den Astern auch die Chrysanthemen, ist, dass sie schon früh austreiben und rein vegetativ Raum besetzen. Bilden sie dabei Ausläufer, können sie andere Arten, wie beispielsweise Pfingstrosen, wegkonkurrenzieren. Ähnlich verhält sich auch Topinambur, der prächtig blüht, bis es aber so weit ist, das halbe Beet erobert. Da hilft nur gnadenloses Ausdünnen. Auch im Garten eines Naturschützers sind gestalterische Eingriffe erlaubt. Mir schwebt irgendwo das Idealbild einer Pflanzengemeinschaft vor. Harmonisch und prächtig soll der Garten sein, ein Idealbild eben.

Wir haben aber auch Nützliches. In zwei kleinen Beeten mit Aluminiumblechzaun gegen die Schnecken gibt es fast das volle Spektrum an Gewürzen und Salat. Die Tomaten säumen in Töpfen die trockene Südmauer, dort wo auch die Speisetraube emporrankt. Zwischen den Töpfen wachsen Löwenzahn, Storchschnabel, Einjähriges Rispengras, Trespe und Nelkenwurz. Sie verkümmern, weil sie betreten werden, wenn wir Tomaten oder Trauben ernten. Trotzdem machen sie Samen und sorgen für Nachwuchs. Sie sind im Darwinschen Sinne fit, auch wenn die zertretenen Individuen nicht danach aussehen.

THE LAST LUSH FLOWERING COMES FROM THE ASTERS. The problem with autumn perennials, both asters and chrysanthemums, is that they sprout early and take up much room with leaves alone. If they also form runners, they can overpower other species like peonies. The Jerusalem artichoke behaves in a similar way. It flowers splendidly but invades half the border. There's only one thing for it: merciless thinning. Even in a conservationist's garden, intervention is in order. My ideal is the vision of a plant community. I want the garden to be harmonious and luxuriant, an ideal image.
But we also grow useful things. Two small beds, surrounded by an aluminium fence against slugs and snails, contain an almost full range of herbs and lettuces. The tomatoes in their pots line the dry, south-facing wall where the table grape climbs up. Between the pots grow dandelion, cranesbill, annual meadow grass, brome and wood avens. They suffer because we tread on them when we harvest tomatoes or grapes. And yet they set seed and reproduce. They are fit in the Darwinian sense even if the squashed individuals do not look it.

Der Eisenhut gehört zur artenreichen Familie der Hahnenfußgewächse. Alle ihre Mitglieder sind mehr oder weniger giftig. Der Eisenhut ist sogar eine der giftigsten Arten Europas und diente einst für Giftköder und -morde.

Monkshood belongs to the species-rich crowfoot family. All its members are more or less poisonous. Monkshood is one of the most poisonous species in Europe and was used for poison bait and murder in former times.

Zinnien blühen unermüdlich bis zum ersten Frost. Wo dieser in ihrer amerikanischen Heimat fehlt, kommen sie auch als ausdauernde Stauden oder strauchförmig vor.

Zinnias keep on flowering until the first frost. In their original American habitats, they can also occur as perennials or shrubs where there is no frost.

Frühherbst | 1. OKTOBER

Im Frühherbst zeigt der Garten noch einmal seine ganze Pracht. Um die Herbstasterbüsche summen die Bienen wie im Frühling um die blühenden Obstbäume.
In early autumn, the garden presents itself one more time in its full splendour. The bees are humming around the autumn asters like they did in spring around the flowering fruit trees.

Raublattastern | *New England asters* | *Aster novae-angliae*

1 OCTOBER | Early autumn

Das Bild erinnert mich an ein Lieblingsgedicht aus der Schule: „Bei einem Wirte wundermild, da war ich jüngst zu Gaste. Ein goldner Apfel war sein Schild an einem langen Aste …"
This photograph reminds me of my favourite poem at school by Romantic poet Ludwig Uhland about an apple tree inviting the narrator for lunch.

Raublattastern | *New England asters* | **Aster novae-angliae**

Mein Garten | My garden

Unwillkürlich denke ich an den berühmten „goldenen Oktober".
Dieser strapazierte Begriff passt nicht nur zu den Weinbergen, sondern auch zum Herbstgarten.

I can't help thinking of the famous 'golden October'.
This overused term is as apt for the vineyards as it is for the autumn garden.

Frühherbst | 1. OKTOBER

ES „HERBSTELT" SCHON. Die Herbstanemonen sind noch in Vollblüte (1), der Blutweiderich hat Samen angesetzt (2), und die Knospen des chinesischen Eisenhuts, unseres auffälligsten Spätblühers, brauchen nicht mehr lange, bis sie aufbrechen (3). Die Sonne scheint zwar immer noch in den Teich und lässt wohl noch das Schilf letzte Reserven produzieren (4), aber die Nächte werden langsam kühler. Unsere Badesaison ist vorbei, aber die Gartensaison noch lange nicht.

> Nicht jeder bunte Garten ist also auch sozusagen automatisch biologisch vielfältig.

Die Dahlien (5–7) sind da ganz meiner Meinung. Wir schneiden regelmäßig die verblühten Triebe ab. In braunen, welken Blüten möchte ich nun auch nicht ertrinken, außerdem wird der Blütenansatz gefördert. Das ist solides Gärtnerwissen und die Erfahrung vieler Gärtnergenerationen. Ich muss das Rad ja nicht neu erfinden. Zwar macht es mir Spaß, auszuprobieren, was geht und die Geduld meiner Pflanzen mit wissenschaftlicher Neugier auszureizen, aber ich habe auch Respekt vor der Fülle gärtnerischen Fachwissens, die sich in Jahrhunderten Gartenkultur oder sogar noch länger angesammelt hat. Mit Dahlien etwa beschäftigen sich Gartenliebhaber schon sehr lange. Schon die Azteken pflanzten sie an, die frühen Gartenformen ähnelten noch stark den ungefüllten Wildarten. Ende des 18. Jahrhunderts kamen die ersten Samen nach Europa, wo sie von Spanien aus ihren Siegeszug durch die Gärten begannen. Mittlerweile gibt es tausende Sorten.

Dahlien sind übrigens ein schönes Beispiel dafür, dass „Vielfalt" ein tatsächlich „vielfältiger" Begriff ist. Ihre extreme Sortenvielfalt hat nämlich nichts mit ökologischer Vielfalt zu tun. Dahliensorten erscheinen dem Betrachter zwar sehr unterschiedlich, für Insekten sind aber nur die einfachen, ungefüllten von Interesse. Bei den gefüllten sind die fruchtbaren Röhrenblüten in sterile Zungenblüten umgewandelt. Die mögliche Nektarausbeute sinkt dadurch schlagartig. Noch weiter geht das bei der neuesten fatalen Errungenschaft, pollenfreie Sonnenblumen, in meinen Augen eher eine Perversion als ein Fortschritt. Nicht jeder bunte Garten ist also auch sozusagen automatisch biologisch vielfältig. Darum lege ich so großen Wert auf die Durchmischung von Natur und Kultur. In der heutigen Zeit, wo jeder Straßenrain, jeder Feldweg und zahllose Rasenflächen in immer kürzeren Abständen gemäht werden, verschwinden die Blüten zusehends aus der Landschaft. „Grün" gilt als positiv, aber „bunt" wäre mir bedeutend lieber. Ich möchte nicht nur Honigbienen sehen, die der Imker mit Zuckerwasser über Hungerzeiten retten kann. Ich freue mich über die großen, metallisch schimmernden Holzbienen, die gerne die Tithonien besuchen, über Hummeln, Wildbienen, Schwebfliegen – eben das ganze Spektrum derer, für die mein Garten Lebensraum sein kann und heutzutage manchmal leider auch schon Zufluchtsort sein muss.

(1)

(2)

(3)

(4)

1 OCTOBER | Early autumn

THERE IS AN AUTUMN FEELING IN THE AIR. The autumn anemones are still in full flower (1), the purple loosestrife has set seed (2) and the buds of the Chinese monkshood, our most striking late-flowering plant, will open up soon (3). The sun still hits the pond and encourages the reeds to have one last go (4), but the nights are slowly getting colder. Our swimming season is over, but the garden season has still a long way to go.

The dahlias (5–7) agree. We regularly deadhead them as I don't want to drown in faded brown flower heads and it also encourages new flowerings. This is solid gardening lore and the experience of many generations of gardeners. I don't have to reinvent the wheel. I do enjoy experimenting and trying the patience of my plants with scientific curiosity, but I also respect the wealth of gardening expertise that has accumulated over centuries, if not millennia, of gardening culture. Dahlias, for instance, have been the focus of garden enthusiasts for a very long time. Even the Aztecs planted them. Early cultivars resembled the single wild species closely. At the end of the 18th century, the first seeds came to Europe and, starting in Spain, conquered the gardens. Meanwhile there are thousands of varieties.

Dahlias are a good example of the fact that 'diversity' really is a 'diverse' term. Their extreme variety of forms has nothing to do with ecologic diversity. Dahlia varieties are quite diverse to look at, but insects are only interested in the single ones. With the double varieties, the fertile tubular flowers are transformed into sterile ligulate flowers, which reduces the potential nectar drastically. An even more extreme case is the latest fatal achievement of pollen-free sunflowers, to me a perversion more than an advance. So, not every colourful garden is automatically diverse in biological terms. This is why I am so keen on mixing nature and culture. Today, when every roadside, every field path and numerous lawns are mown in ever shorter intervals, flowers are disappearing from the landscape. 'Green' is seen as positive, but I would much prefer 'colourful'. I do not want to see honey bees that the bee-keeper can only save from starvation by feeding them sugared water. I love the large carpenter bees with their metallic shimmer that like to visit the Mexican sunflowers, or the bumble bees, wild bees, hover flies – the whole range of those for whom my garden may be habitat and today, unfortunately, sometimes has to serve as a refuge.

> So, not every colourful garden is automatically diverse in biological terms.

(5)

(6)

(7)

Mein Garten | My garden

*Das Bild spricht für sich. Die weißen Sorten der Herbstanemonen verdienen das Prädikat „edel".
Reinweiße, radiäre und große Blüten, dazu eine lange Blütezeit und Beständigkeit des Stocks, das sind ihre Vorzüge.*

The picture speaks for itself. The white varieties of the autumn anemones deserve to be called 'noble'. There merits include pure white, large, radial flowers, plus a long flowering period and basal organs lasting several years.

Zwar ist die Hauptblütezeit der Rosen schon lange vorbei, aber remontierende Sorten bringen noch Nachblüten hervor, über die wir uns um diese Zeit besonders freuen.

*The main flowering period for roses may be long over, but remontant
varieties produce post-blossoms which we particularly enjoy at this time.*

*Die bei Insekten sehr beliebten Blüten der Raublattastern
öffnen sich bei Sonne und schließen sich bei regnerischem Wetter.*

The flowers of the New England asters, much loved by insects, open in the sun and close in rainy weather.

Sonnenblumen kommen meist gerade dort nicht von selbst, wo wir sie gerne hätten.
Darum säen wir immer wieder welche in Töpfchen nach und setzen dann die Jungpflanzen aus.

Sunflowers usually don't selfseed in the very spots we would most like them to grow. So we always sow some in small pots and plant them out.

Zinnie Gartensorte | *Zinnia* cultivar | *Zinnia* cultivar

HERBST | AUTUMN

DIE TAGE WERDEN KÜRZER, und es setzen in den Pflanzenzellen Prozesse ein, die die Pflanzen auf den Winter vorbereiten. Neben der Laubverfärbung und schließlich dem Blattabwurf entwickelt sich die winterliche Kälteresistenz. Bei Buchen und Eichen liegt sie weit unter dem, was an Extremfrösten in Mitteleuropa vorkommt, nämlich unter minus 30 Grad Celsius. Die Organe können dabei unterschiedlich resistent sein, Wurzeln sind es meist weniger, was erklärt, dass Topfpflanzen empfindlicher sind als jene in der Erde. Ich schlage unsere eingetopften Pfleglinge deshalb den Winter über im Gemüsebeet ein. Empfindlich sind auch viele Samen, wie beispielsweise jene der Steineiche am Gardasee. Halten ihre immergrünen Blätter minus 15 Grad Celsius aus, gehen die Eicheln schon bei minus vier Grad Celsius zugrunde. Solche physiologischen Engstellen begrenzen die Verbreitung vieler Arten. Andererseits kann die Verbreitungstauglichkeit mancher Pflanzen ihre natürlichen Vorkommen noch weit übertreffen. Mein stärkstes Erlebnis dazu: Forstleute pflanzten am Haleakala auf Hawaii australischen Eukalyptus auf fast 4 000 Metern Seehöhe aus. Das ist weit über der aktuellen Waldgrenze. Einige dieser Setzlinge sind inzwischen große Bäume.

THE DAYS ARE GETTING SHORTER, and in the plant cells processes start up that prepare the plants for winter. In addition to the leaves changing colour and then falling, the cold resistance for winter develops. For beech and oak, this is much below the extremes of frost known in Central Europe, i.e. minus thirty degrees centigrade. The organs of a plant may have different levels of resistance, roots normally are less resistant. This explains why pot plants are more sensitive than those in the ground. I put our potted wards into the soil in the vegetable patch over winter. Many seeds are quite sensitive, too, like that of the holm oak at Lake Garda. Its evergreen leaves can withstand minus fifteen degrees centigrade, but the acorns do not even survive minus four degrees centigrade. Such physiological characteristics restrict the dissemination of many species. The distribution fitness of some plants, however, can exceed their natural habitats by far. The most extreme case that I have witnessed is the Australian eucalyptus. Foresters planted it on Haleakala in Hawai'i at almost 4 000 metres altitude, i.e. far above the current tree line. Some of these seedlings have since grown into large trees.

Den Platz der Zinnien könnten auch andere Sommerblüher, etwa Löwenmäulchen, Ringelblumen oder Strohblumen, einnehmen. Wir haben schon einiges probiert, aber Zinnien gefallen uns nach wie vor am besten. | *Where the zinnias grow, we could of course have other summer-flowering plants, such as antirrhinums, pot marigolds or everlasting flowers. We have tried various things but we still like zinnias best.*

Frost vertragen Dahlien leider gar nicht. Sobald der Wetterbericht Minusgrade ankündigt, schneiden wir sämtliche Blütentriebe ab und erfreuen uns an den bunten Sträußen.

Dahlias cannot cope with frost at all. As soon as minus degrees are forecast, we cut off all flowers and enjoy the colourful bouquets.

Herbst | 18. OKTOBER

Im Herbst ersetzen violettblaue Blütenfarben die sommerlichen Gelb-Orange-Töne.
Da Bienen kein Rot sehen können, ist diese Farbe bei heimischen Arten selten.
In autumn, a purple and blue colour spectrum replaces the yellow and orange hues
of summer. As bees cannot see red, this colour is rare in native species.

Raublattaster | *New England aster* | *Aster novae-angliae*

*Die hohen Stauden müssen immer wieder hochgebunden werden, wenn sie in voller
Schönheit zur Geltung kommen sollen. Sonst drücken Wind und Regen sie zu Boden.*
The tall perennials must be continuously tied in to bring out their full beauty.
Otherwise wind and rain will push them to the ground.

Herbst-Eisenhut | Monkshood | *Aconitum carmichaelii*

Herbst | 18. OKTOBER

IM HERBST WIEDERHOLT SICH GERNE EIN HÖCHST ÄRGERLICHES SZENARIO.
Aus in wahrstem Sinne des Wortes heiterem Himmel bricht eine Frostnacht herein. Oft ist es nur eine einzige, gar nicht einmal extrem kalt, aber das genügt, um fast allen Dahlien (1, 8) den Garaus zu machen. Meistens kommt dieser erste Frost im Oktober, und sehr oft folgen ihm noch mehrere ungetrübt schöne, milde Wochen, in denen die Dahlien noch lange blühen könnten – aber es ist vorbei. Wir schneiden die von der Kälte „verbrannten" Stöcke zurück und lassen die Knollen noch eine Weile in ihren Töpfen, bevor sie endgültig ins Winterquartier wandern. Auch die Zinnien haben ihre Schuldigkeit getan. Aber noch machen die ersten gelben Laubblätter (6) und die Herbstastern mit ihrer überreichen Blüte diesen Ausfall wett. Sie stammen aus den Neuenglandstaaten und haben daher kein Problem mit Kälte, genauso wie unser spät blühender Eisenhut aus den Gebirgen Chinas.

> Aus in wahrstem Sinne des Wortes heiterem Himmel bricht eine Frostnacht herein.

Der Eisenhut (4) bringt das seltene Blau in den Garten. Im Gegensatz zum Borretsch (2), dessen himmelblaue Blüten anfangs rosa sind und sich dann umfärben, ist und bleibt er blau. Eisenhut ist übrigens äußerst giftig. Aus den Alpen sind sogar Vergiftungsfälle durch die Milch von Ziegen bekannt, die Eisenhut gefressen hatten. Den Ziegen selbst hatte er nicht geschadet. Die sehr unterschiedliche Giftwirkung von Pflanzen auf Tiere ist bekannt. Rehe etwa fressen schadlos ganze Sortimente von Giftpflanzen, für Pferde dagegen ist sogar Gundermann giftig, den andererseits Menschen problemlos vertragen. Vor Jahren hat das freiheitsliebende Kaninchen unseres damals noch kleinen Sohnes die ganze Familie in größte Sorge gestürzt, als es in einem unbeaufsichtigten Moment einen ganzen Eisenhutstock ratzekahl gefressen hatte. Kein Mensch hätte das überlebt, das Kaninchen hatte nicht mal Verdauungsbeschwerden.

Neben den letzten Blüten entdeckt Lois' Fotografenauge noch Unscheinbares wie die Fruchtstände des Rohrkolbens (3). Unser Rohrkolbenbestand hat mit der Zeit zugenommen. Andere Arten, wie Kalmus und Igelkolben, sind vom Schilf verdrängt worden. Seit zwei Jahren ist Strauß-Gilbweiderich rapide im Vormarsch. Im Teich lässt sich Konkurrenz besonders gut verfolgen. Ansonsten ist es am Teich still geworden (7). Im Staudenbeet fruchtet auch das Seifenkraut (5). Dieses kleine Nelkengewächs ist einer der dankbaren „wilden" Gäste. Und da mir die großen zartrosa Blüten gefallen, lasse ich sie aussamen. Mit Seifenkraut ließe sich übrigens allerhand anfangen. Vom schleimlösenden Tee (Vorsicht: leicht giftig, aber wie sagte schon Paracelsus: Die Dosis macht das Gift) über Waschmittel- und Shampooersatz für Puristen bis zur Schneckenbekämpfung sind die darin enthaltenen Saponine nützlich. Aber ich mache nichts damit, es gefällt mir nur.

(1)

(2)

(3)

(4)

(5)

18 OCTOBER | Autumn

AUTUMN REPEATEDLY PRESENTS US WITH A VERY UNPLEASANT SCENARIO. A lovely bright day is followed by a frosty night. Often it is just one single night, not even very cold, but it's enough to kill off almost all dahlias (1, 8). Usually this first frost occurs in October and quite often it is followed by several beautiful, mild weeks during which the dahlias could have continued flowering, but it is over. We cut back the frost burn and leave the tubers in the pots for a little longer before transferring them into their winter quarters for good. The zinnias have also done their bit. The first yellow leaves on the trees (6) and the autumn asters with their abundant flowering still make up for the reduction. They come from New England and are used to cold, just like our late-flowering monkshood from the mountains of China.

Monkshood (4) brings a rare blue into the garden. Unlike the sky-blue flowers of the borage (2), which start off as pink and change colour later, monkshood stays blue throughout. It is very poisonous. In the Alps, cases of poisoning have even been recorded from drinking the milk of goats that have eaten monkshood. The goats themselves were not affected. The greatly differing poisonous effect of plants on animals and humans is well known. Deer can eat a whole range of poisonous plants without coming to any harm, while horses do not even tolerate ground ivy, which is harmless for humans. Years ago, an adventurous rabbit of our then small son worried the entire family when, in an unsupervised moment, it finished off a whole monkshood plant. No human could have survived that, the rabbit did not even get stomach ache.

In amongst the last flowers, Lois, with a photographer's eye, discovers inconspicuous things, such as the fruit stands of the reedmace (3). Our reedmace stocks have grown over time. Other species, such as calamus and bur reed, have been pushed out by the reed. In the last two years, the tufted loosestrife has rapidly gained ground. Nowhere can you follow that competitive struggle better than in the pond. Apart from that, the pond has gone quiet (7). In the border, the soapwort is setting seed (5). This small carnation is one of the rewarding 'wild' guests. I like the large, pale pink flowers, so I let it self-seed. One could use it in a variety of ways. The saponines it contains are useful in an expectorant tea (careful, it is weakly poisonous, but, as Paracelsus said, it is the dose that makes the poison), in detergents or as an alternative to shampoo for purists, and even to combat slugs and snails. But I don't do anything with it, I just enjoy it.

> A lovely bright day is followed by a frosty night.

(6)

(7)

(8)

Mein Garten | My garden

Der Winter-Schachtelhalm, von dem ich eigentlich nur einen Stock ans Teichufer gepflanzt hatte, wandert inzwischen mit seinen urtümlich anmutenden Halmen schon durch die Wiese.

*All I did was plant one rough horsetail at the edge of the pond.
In the meantime, its primeval looking stalks are progressing through the meadow*

EXKURS | EXCURSUS 8

LAUBFALL

DIE HERBSTLICHE LAUBVERFÄRBUNG bringt noch ein letztes Aufleuchten des Gartens vor dem braun-grau-weißen Winter. Doch was wir für selbstverständlich halten, ist weltweit die Ausnahme. Laubabwerfende, winterkahle Wälder gibt es außer in Mitteleuropa nur noch im Osten der Vereinigten Staaten und im Fernen Osten. Der amerikanische Indian Summer ist weltberühmt. In Nordeuropa überwiegen zwar immergrüne Nadelwälder, aber in Lappland verfärben sich in der Tundra in der sogenannten Ruska-Zeit die Zwergbirken so gelb und die Beerensträucher leuchtend rot, dass die beste Besuchszeit im Rundfunk angekündigt wird. In Ostasien sind es wie in Amerika besonders Ahorne, die sich spektakulär verfärben. Ihre leuchtenden Herbstfarben haben die japanischen Ahorne ja auch in europäischen Gärten beliebt gemacht. Auch die heimischen Ahornarten zeichnen sich durch besonders prächtige Herbstfarben aus. In unserem Garten steht ein herrlicher Spitzahorn, der uns darüber hinwegtröstet, dass sich unser Kirschbaum – im Gegensatz zu vielen seiner Artgenossen – nicht rot, sondern „nur" gelb verfärbt.

Gesteuert wird das herbstliche Feuerwerk durch die Nachtlänge. Sie regelt einen biochemischen Prozess, der in den 70er Jahren aufgeklärt wurde und der auch das Aufblühen beeinflusst. Die Verfärbung geht mit dem Abbau des grünen Chlorophylls einher, gelbe Farbstoffe wie Carotin und Xanthophyll, im Sommer vom Grün des Chlorophyll maskiert, machen die Blätter gelb, und letztlich kann Anthocyan, ein je nach Säuregehalt blauer oder roter Farbstoff, zum Farbspektakel im Herbst beitragen.

An der Ansatzstelle des Blattstiels sitzt ein spezielles Trenngewebe. Dort wird die Mittellamelle, die die Zellen wie ein Kleber zusammenhält, aufgelöst. Besonders in Frostnächten bildet sich Eis, das durch seine Ausdehnung das Gewebe beim Auftauen am Morgen endgültig lockert, oder besser: zerreisst – und das Blatt fällt. Man kann sich die Frage nach dem Sinn des Laubfalls stellen, bedeutet die jedes Jahr neue Belaubung doch einen gewaltigen Aufwand. Die Antwort also: Kalte Winterluft ist trocken. Mit dem abgeworfenen Laub reduziert sich die Verdunstungsfläche gewaltig. Während also unsere Sträucher und Bäume sparen, bläst der Herbstwind verschwenderische Mengen toter Blätter im Garten zusammen. Allenthalben bricht der Putzfimmel aus, Laubsauger dröhnen, Besen kratzen. Wir nehmen es gelassen. Laub bietet Frostschutz für Wurzeln, Zwiebeln und Insekten, Deckung für Kleintiere, und im Winter belohnt uns dafür der Besuch von Futter suchenden Zaunkönigen.

Unser Garten liegt im Biosphärenpark Wienerwald, einem der größten Buchenwaldgebiete Mitteleuropas. Hier ist die herbstliche Laubverfärbung nicht ganz so spektakulär, aber dennoch prächtig. Im Übergang zwischen Wald und Feld sehe ich unseren Garten als Modell, das Kultur und Natur vereint und Mittler sein kann.

LEAF FALL

THE CHANGING COLOUR OF THE FOLIAGE IN AUTUMN brings a last brightness into the garden before the onset of the browns, greys and whites of winter. In global terms, however, what we take for granted is the exception. Deciduous, winter-bare forests only exist in Central Europe, in the eastern US and in the Far East. The American Indian Summer is world-famous. In Northern Europe, evergreen coniferous forests dominate, but in Lapland, during the so-called ruska period, the dwarf birches in the tundra turn so yellow and the berry bushes so red that the best time to visit is broadcast on the radio. In East Asia, like in the US, it is the maples that change colour most spectacularly. Their bright autumn colours have made the Japanese maples popular in European gardens as well. Indigenous maple varieties also present vibrant autumn colours. In our garden, there is a magnificent Norway maple that makes up for the fact that our cherry tree, unlike many of its colleagues, only manages to turn yellow instead of red.

The autumnal flash of colour is dependent on the length of the nights. It controls a biochemical process that was not understood until the 1970s and which also influences the start of flowering. The change of colour goes along with the depletion of the green chlorophyll. Yellow pigments, such as carotene and xanthophylls, masked by the green chlorophyll during summer, turn the leaves yellow. Eventually, the autumnal spectacle is intensified by anthocyanins, pigments that can be blue or red depending on the degree of acidity.

At the base of the petiole (leaf stalk) there is a special separation tissue. The middle blade, which holds the cells together like glue, dissolves. In frosty nights, ice forms. When it thaws in the morning, it loosens or rather, tears, the tissue and the leaf falls. You may well ask yourself what is the point of leaf shed, given that making new foliage represents an enormous effort each year. The answer: cold winter air is dry. Shedding the leaves reduces the surface for evaporation drastically. While our shrubs and trees go into saving mode, the autumn wind blows generous quantities of dead leaves into heaps in the garden. The great tidying up craze erupts everywhere. Leaf vacs roar, brooms scratch. We take a relaxed approach. Leaves protect the roots, bulbs and insects from frost, hide small animals, and in winter we are rewarded with visits from wrens in search of food.

Our garden is located in Wienerwald Biosphere Reserve, one of the largest beechwood areas in Central Europe. Here, the autumnal change of leaf colour is not so spectacular but still splendid. In the transition from forest to field, I see our garden as a model that unites culture and nature and may act as mediator.

Die Familie, vereint unter Spitzahorn und Ulme. | *The family gathering under Norway maple and elm.*

Ein Garten für das 21. Jahrhundert | A 21st Century Garden

SPÄTHERBST | LATE AUTUMN

EIN UNGEWÖHNLICH SCHÖNER HERBST IST INS LAND GEZOGEN, und so können wir noch lange den Ausblick von unserer Bank genießen. Außer um Hund und Katzen zu streicheln, nutzen wir den schönen Platz, um die Herbstarbeit zu besprechen. Zum Beispiel, was mit den Stauden geschehen soll. Die meisten lassen wir stehen und schneiden sie erst ab, wenn die ersten Frühjahrsboten zu treiben beginnen.

Dann sieht man erst, was an Stützstangen und Bindedrähten verbraucht wurde. Aufbinden und Stützen, Auslichten und selektives Jäten – ohne das geht's nicht. Durch enge Pflanzabstände beschatten sich die Pflanzen gegenseitig, und Kaskaden von Astern hängen über Zinnien und Tithonien, besonders nach Regenstürmen. Das Durcheinander wirkt dann sogar für mich unordentlich.

Die Herbstarbeit beschäftigt uns ziemlich intensiv. Die Knollen der Dahlien kommen in den Keller. Über 1 500 Zwiebeln von Tulpen, Krokus, Narzissen sind gesetzt, das Gemüsebeet ist abgeerntet. Letzte Früchte hängen noch an schon kahlen Ästen: Bayernkiwi, süß und aromatisch wie Rosinen, und Mispeln mit ihrem eigenwillig exotischen Aroma. Und dann eines Tages, wie ein dunkles Geschwader, sind die russischen Wintergäste da, die Saatkrähen, und sammeln schwätzend auf, was sie noch finden.

AN UNUSUALLY BEAUTIFUL AUTUMN HAS ARRIVED and allows us to enjoy the view from our bench for a bit longer. We use the lovely spot to stroke the cats and the dog but also to discuss the autumn tasks. For instance, what is to be done with the perennials. We leave most of them and do not cut them back until the first shoots of the spring flowers start to show.

Only then do you see how many supports and ties have been used. Tying in and supporting, thinning out and selective weeding are essential. Closely planted, the flowers shade each other, asters cascade over zinnias and tithonias, particularly after rain storms. Even I find such confusion messy.

The autumn tasks keep us busy. The dahlia tubers are put into the cellar. More than 1 500 bulbs of tulips, crocuses, daffodils are planted, the last vegetables harvested. The bare branches carry a few last pieces of fruit: hardy kiwi, sweet and aromatic as raisins, and medlars with their idiosyncratic exotic aroma. And then one day, like a dark squadron, our Russian winter guests, the rooks, return and, with loud chatter, pick up anything they can find.

Die Bank oberhalb des Schwimmteichs steht an einem der höchsten Punkten im Garten und ist, wenn es kühler wird, unser liebster Aussichtsplatz. Im Sommer ziehen wir uns dagegen lieber in den Schatten des Kirschbaums zurück. | *The bench above the swimming pond is placed at one of the highest points in the garden and is our favourite lookout once it gets cooler. In summer we prefer to withdraw into the shadow of the cherry tree.*

Spätherbst | 1. NOVEMBER

AN ZWEI TERMINEN BRICHT IM DORF ALLGEMEINE HEKTIK AUS: das erste Mal, wenn der Löwenzahn aufblüht und alle Rasenmäher angeworfen werden, das zweite Mal zu Allerheiligen. Dann werden die Gärten winterfest gemacht, egal, wie warm es noch ist. So schön können die Balkonblumen gar nicht blühen, dass sie nicht auf dem Kompost landen. Wir sehen das – wie so oft – etwas gelassener. Es ist ja nicht so, dass wir im Garten grundsätzlich faulenzen. Aber ein Phänomen passiert uns nach so vielen Jahren immer wieder. Irgendeine scheinbar dringende Sache fällt uns auf, etwas muss abgeschnitten, ausgerissen oder sonstwie entfernt werden. Während ich mich auf den Weg zum Gartenhäuschen mache, um ein Werkzeug zu holen, setzt sich ein Distelfink ausgerechnet auf den Stängel, den ich eigentlich unbedingt abschneiden wollte, und nestelt nach den Samen. Genau in der welken Blüte, die ich soeben abzwicken wollte, rastet ein Rosenkäfer, im Astquirl des Ligusters, der denkbar ungünstig im Weg steht, entdecken wir ein Vogelnest, und die Hornisse, die deutlich hörbar am trockenen Holz nagt, um Baumaterial zu beschaffen, hat sich natürlich den alten Pfosten ausgesucht, den wir gerade entfernen wollten. Was bleibt da anderes übrig, als sich mehr oder weniger seufzend den Bedürfnissen unserer Mitbewohner zu fügen?

Doch der Spätherbst ist auch für uns eine arbeitsreiche Zeit, müssen doch die Zwiebeln für den Frühling gesetzt werden. Theoretisch sollten frostharte Zwiebeln ja einfach im Boden bleiben können und sich langsam vermehren. Bei Schneeglöckchen, Winterling und Krokussen klappt das auch. Da wir aber unsere gärtnerische Wunschvorstellung eines dichten Teppichs von Frühlingsgeophyten gerne zu unseren Lebzeiten noch erfüllt sehen möchten, setzen wir immer etliche nach. Bei Tulpen und Zierlauch wird es schon schwieriger. Ein Teil der Zwiebeln wird von den Wurzeln so tief hinuntergezogen, dass es nur mehr die Blätter nach oben schaffen. Ein Teil wird das Jahr über gefressen, und ein anderer verfault, denn unser Boden ist eigentlich nicht ideal für sie. Also setzen wir jeden Herbst neue, eine elende Knochenarbeit. Wir trösten uns, indem wir uns bereits die künftige Pracht des nächsten Frühlings ausmalen und uns vorstellen, wie sich diese oder jene Neuheit wohl bewähren wird. Aber noch ist es nicht so weit, und in den Pausen genießen wir die Farben des Herbstes. Denn schließlich haben ja auch die letzten Blüten (2) und die Früchte der Rosen, die Hagebutten (3), besonders aber die bunten Blätter von Ribisel und Pfaffenhütchen ihren Reiz (1). Wegen ihrer Herbstfärbung sind Pfaffenhütchen beliebte Ziergehölze. Unsere stammen nicht aus der Baumschule, sondern aus Vogelsaat. Vögel fressen die leuchtend rot-orangenen Früchte gerne. Die giftigen Samen scheiden sie unverdaut wieder aus, und darum finden wir junge Pfaffenhütchen bei uns überall.

> Wegen ihrer Herbstfärbung sind Pfaffenhütchen beliebte Ziergehölze. Unsere stammen nicht aus der Baumschule, sondern aus Vogelsaat.

1 NOVEMBER | Late autumn

THERE ARE TWO DATES THAT TRIGGER A GENERAL FRENZY IN THE VILLAGE: the first flowering of the dandelion, when all lawn mowers start up, and All Saints' Day. That is when the gardens are prepared for winter, no matter how warm it is at the time. Even if the plants in the trough still flower splendidly, out they go and onto the compost. As with other things, we take a more relaxed approach. Not that we laze around in the garden on principle. But there is a curious phenomenon that we have encountered repeatedly through the years. We notice some pressing task, something needs to be cut back, pulled up or taken out. While I am on my way to the shed to get a tool, a goldfinch lands on the very stalk I wanted to cut back and tackles the seeds. In the wilted flower that I was about to pull off, a flower chafer is taking a rest; in the maze of privet branches that is really in the way, we discover a bird's nest; and the hornet we can hear gnawing on some dry wood to get building material has chosen the exact old post that we were about to take away. What can you do except give in more or less gracefully to the needs of our cohabitants?

Late autumn is indeed a busy time for us, as it means planting the bulbs for spring. Theoretically, you should be able to simply leave hardy bulbs in the ground to slowly proliferate. This works with snowdrops, winter aconites and crocuses. But as we would like to see our gardening dream of a dense carpet of spring geophytes fulfilled in our lifetime, we always add some more. With tulips and ornamental garlic, the situation is more tricky. Some of the bulbs are drawn down so deep by their roots that only the leaves make it above ground. Another part gets eaten in the course of the year and yet another rots away because our soil is not ideal for them. So we plant new bulbs every autumn, a real hard graft. We console ourselves with imagining the future splendour of next spring and wondering how this or the other new variety will do. But it is not time for it yet and in the breaks we enjoy the autumn colours. After all, the last flowers (2), the rosehip, fruit of the roses (3), and especially the colourful leaves of currants and spindle tree (1) have their own charm. Spindle trees are popular ornamental trees because of their autumn colour. Ours do not come from the nursery but from bird seed. Birds like to eat the bright orange fruit. They excrete the poisonous seed undigested and so we find young spindle tree plants everywhere.

> Spindle trees are popular ornamental trees because of their autumn colour. Ours do not come from the nursery but from bird seed.

(1)

(2)

(3)

Mein Garten | My garden

Der Arche-Effekt: Die vor dem Herbizidtod gerettete Hornmelde hat sich in unserer trockenen Wildnisecke gut erholt. Sie ist eine der seltensten Wildpflanzen Niederösterreichs.

The ark effect: the Kraschenninikovia, saved from death by herbicide, has recovered well in our dry wilderness corner. It is one of the rarest wildflowers in Lower Austria.

Spätherbst | 1. NOVEMBER

Vor der winterlichen Ruhe kommt eine chaotische Phase von Vergehen und Welken, die in ihrer ungezähmten Dynamik auch ihren Reiz hat.
Before the winter rest comes a chaotic phase of decay and wilting. Its untamed dynamics are strangely appealing.

Raublattaster | New England-aster | Aster novae-angliae

Der Stock Chinaschilf in der Wiese zwischen den Staudenbeeten hat sich spontan aus Vogelsaat entwickelt. Wir nutzen ihn als Strukturelement.
The Chinese silver grass stand in the meadow between the borders grew spontaneously from birdseed. We use it as a structural element.

Raublattaster, Herbstanemone und Chinaschilf
New England-aster, Autumn anemone and Chinese silver grass
Aster novae-angliae, Anemone cultivar, *Miscanthus sinensis*

*Wild wuchern die bläulichen Glattblattastern. Der Großteil ist bereits verwelkt.
Es ist ein letztes Aufleuchten der Blüten, bevor Herbststürme die Winterkälte bringen.*

*The bluish New York asters are rampant. Most of them have already faded.
It is a last flare up of the flowers before the autumn storms will bring the cold of winter.*

EXKURS | EXCURSUS 9

Ein Garten für das 21. Jahrhundert | Exkurs 9

KLIMAWANDEL

DAS WETTER IST EIN UNERSCHÖPFLICHES GESPRÄCHSTHEMA FÜR GARTENFREUNDE. Wird es genug regnen, um die Regentonnen zu füllen, die das dringend benötigte kalkfreie Gießwasser für Azaleen oder Orchideen bereithalten? Oder hat es so viel geregnet, dass die Tomaten bereits kränkeln? Das Wetter wirkt sich unmittelbar auf die tägliche Gartenarbeit aus. Die Witterung, die längerfristige Abfolge im Wettergeschehen, entscheidet dann sozusagen über den Verlauf des Gartenjahres. Ist der Sommer so warm, dass Tithonien und Paprika gedeihen, oder etwas kühler und luftfeucht, wie es die Dahlien mögen? Das Klima dagegen bestimmt, wie unsere Gärten überhaupt aussehen können. In den Gärten im Lorbeerwaldklima Japans beherrschen Immergrüne das Bild, in mediterranen Gärten wachsen Palmen, Oleander oder Zistrosen, in Trockengebieten Kakteen. Die Gärten sind immer auch ein Spiegelbild ihrer Klimazone. Allerdings setzen ihre Besitzer weltweit ihren Ehrgeiz daran, möglichst ausgerechnet solche Pflanzen zu haben, die jenseits des Gartenzauns eben nicht vorkommen. Mit Glashäusern, Mistbeeten, Winterquartieren für Kübelpflanzen, ausgefinkelten Bewässerungssystemen und jeder Menge persönlichem Einsatz versuchen sie, Vegetationszeiten zu verlängern und Extremen auszuweichen. Nicht umsonst haben Ölförderfirmen in Patagonien große Glashäuser gebaut, in denen sich ihre Mitarbeiter vor dem ständig stürmisch-kalten Wind inmitten üppiger Pflanzen entspannen können. Letztlich sind auch die Oasen in den Wüsten der Welt Gärten für ihre Bewohner. Gärten sind also sehr oft auch der Versuch der Menschen, dem Klima ein Schnippchen zu schlagen.

Umso schwerer fällt eine Prognose, wie sich der zu erwartende Klimawandel auf den Garten auswirken wird. Der Aufbau von langfristigen Beobachtungsreihen von Gipfelfloren auf Bergen in aller Welt, wo ungestört von menschlichem Einfluss untersucht wird, wie sich Klimaänderungen auf das Vorkommen und Gedeihen von Pflanzen auswirken, war in den letzten 20 Jahren der Forschungsschwerpunkt von mir und meinen Mitarbeitern. Erste Ergebnisse dieses Projekts mit dem zuversichtlichen Namen GLORIA, einer Abkürzung für „Global Research Initiative in Alpine Environments", belegen, dass mit zunehmender Erwärmung manche ursprünglichen Gipfelpflanzen von höher steigenden Konkurrenten verdrängt werden. Konkurrenz zwischen Pflanzen ist ein wesentlicher ökologisch relevanter Faktor in der natürlichen Vegetation. Im Garten spielt sie nur insofern eine Rolle, als dass sie Arbeit macht. Obwohl ich mir die Natur zum Vorbild nehme, greife ich ständig fördernd oder bremsend in die Konkurrenzverhältnisse ein. Täte ich das nicht, bestünde mein Garten in wenigen Jahren nur mehr aus Topinambur, Brombeeren und Chinaschilf.

CLIMATE CHANGE

THE WEATHER IS A NEVER-ENDING TOPIC OF CONVERSATION FOR GARDEN FRIENDS. Will it rain enough to fill the water butts for the desperately needed limefree water that azaleas and orchids want? Or has it rained so much that the tomatoes are beginning to suffer? The weather has an immediate affect on the daily tasks in the garden. The atmospheric condition, the longer-term sequence of weather events, shapes the course of the gardening year. Is the summer warm enough for tithonias and peppers to thrive? Or a bit cooler and the air more humid, like the dahlias love it? The climate, on the other hand, determines the basic range of looks available to our gardens. In the gardens of the laurel wood climate in Japan, evergreens dominate; in Mediterranean gardens, we find palms, oleanders or rockroses, in dry areas cacti. Gardens always reflect their climatic zone as well. However, all over the world, their owners ambitiously try to grow just such plants as would not occur naturally beyond the garden fence. Applying glass houses, hotbeds, winter quarters for pot plants, elaborate watering systems and plenty of individual effort, they try to prolong vegetation periods and avoid extremes. It is not for nothing that oil companies in Patagonia have built large glass houses for their staff to relax among abundant plants, sheltered from the permanent cold and wet wind outside. Basically, the oases in the deserts of this world are also gardens for their inhabitants. Quite often, gardens are a human attempt to outwit the climate.

All the more difficult then to predict how the expected climate change will affect the garden. Over the last twenty years, my team and I have focused on building up a network of long-term monitoring stations to observe summit vegetation across the world. We study how, without direct human impact, climate change affects the existence and development of plants. Initial results of this optimistically named GLORIA project (short for Global Research Initiative in Alpine Environments) suggest that with increased warming, some original summit plants are being displaced by competitor plants that are moving higher. Competition between plants is a decisive, ecologically relevant factor in natural vegetation. In gardens, it only shows in the fact that it creates work. Although I take my cue from nature, I regularly encourage or thwart plants in this competition. If I didn't, within a few years, my garden would consist entirely of Jerusalem artichokes, brambles and Chinese silver grass.

Japan-Segge | *Japanese sedge* | *Carex morrowii*

WINTER | WINTER

EINE SCHARFE KÄLTEWELLE QUÄLT DAS PANNONIKUM, das Thermometer zeigt unter minus zehn Grad Celsius. Der Garten zeigt sich in weißer Pracht. Und wie geht es dabei den Pflanzen?

Grundsätzlich gilt, dass der Winter eine Vegetationsruhe bedingt. Pflanzen halten zwar keinen Winterschlaf wie Murmeltiere, aber auch sie stellen sich physiologisch um. Die laubwerfenden Arten und jene mit den Überdauerungsknospen direkt an der Oberfläche sind nur dann dem Kältestress ausgesetzt, wenn es keine Schneebedeckung gibt. Unter Schnee ist es bei null Grad Celsius geradezu gemütlich, verglichen mit den Temperaturen bei freier Exposition und Wind. Anders ist es bei den immergrünen Gehölzen, in meinem Garten etwa beim Kirschlorbeer oder beim Efeu. Es dauert während der Ruheperiode eine gewisse Zeit, bis die Photosynthese wieder anspringt. Doch an sehr sonnigen Tagen können sich die Blätter so erwärmen, dass die Produktion wieder anläuft. Wenn der Boden dann gefroren ist und kein Wasser nachgeliefert werden kann, tut sich für die Pflanzen eine gefährliche Schere auf. Wir Botaniker sprechen dann von Frosttrocknis. Sie ist für die meisten Winterschäden bei Immergrünen verantwortlich. Sie erfrieren nämlich nicht, sondern sie vertrocknen. So sehen sie dann auch aus.

A SHARP COLD SPELL IS TORTURING THE PANNONIAN REGION. The thermometer stands at below minus ten degrees centigrade, the garden presents itself in white splendour. And how do the plants fare in this?

In principle, winter causes the vegetation to rest. Plants may not hibernate like marmots but they adapt physiologically. The leaf-shedding species and those with perennating buds on the surface only suffer from cold stress if there is no snow cover. Below the snow, at zero degrees centigrade, it is downright cosy for them, compared to the temperatures of parts exposed directly to air and wind. It is different for evergreens, such as cherry laurel or ivy. During the resting period, it takes a while for photosynthesis to start up again. On very sunny days, however, the leaves can warm up enough for production to restart. If the ground is still frozen then and hence no water ready to replenish the plant, a dangerous imbalance arises for the plants. We botanists talk of frost drought. It is responsible for most winter damage on evergreens. They do not freeze to death, they dry up and it shows.

Eigentlich mag ich keine panaschierten Blätter, da es sich dabei ja um einen Defekt handelt. Die Pigmentanomalie schadet der Pflanze allerdings nicht. Und sparsam eingesetzt, ergibt es einen interessanten Effekt.
Normally I don't like variegated leaves, after all, it is a defect. The pigment anomaly does not damage the plant, though, and used sparingly it does produce an interesting effect.

Der Schnee deckt die Beete zu – endlich. So sind Stauden und Zwiebeln wenigstens vorübergehend vor den scharfen Kahlfrösten des pannonischen Winters geschützt.

Snow covers the borders – at last. It protects perennials and bulbs temporarily from the sharp black frosts of the Pannonian winter.

Winter | 8. FEBRUAR

Wir freuen uns wie Kinder.

ES HAT GESCHNEIT! Wir freuen uns wie Kinder, hat es doch wochenlang so ausgesehen, als müssten wir das Buch ohne Schneebilder beschließen. Längere Phasen durchgehender Schneebedeckung sind im Wiener Raum ohnehin selten, aber üblicherweise schneit es dann doch irgendwann. Auch kalt ist es erst spät geworden, aber nun ist der Teich massiv gefroren (1, 2). Fast in allen Jahren wird das Eis so dick, dass es einen Menschen tragen kann. Für die tierischen Teichbewohner ist das allerdings eine Krisenzeit. Während die Gartenpflanzen vor allem unter der Kälte leiden, ist ihr Hauptproblem die Sauerstoffversorgung. Zwar können die Tiere ihren Sauerstoffbedarf drosseln, indem sie ihre Aktivitäten reduzieren, aber irgendwann reicht auch das nicht mehr. Darum müssen wir im Frühling, zu Traudls großem Bedauern, meist eine tote Kröte aus dem Wasser fischen. Der Ausbruch erotischer Massenraserei während der Krötenhochzeit an den ersten warmen Frühlingstagen tröstet uns wieder über den Verlust hinweg.

Bei den Gartenpflanzen bleiben so dramatische Verluste glücklicherweise meist aus. Zwar wirkt der Liguster (4) vor dem Haus etwas strapaziert, und es frieren auch immer wieder ein paar Rosentriebe zurück (6), aber das ist nichts, was ein paar Handgriffe mit der Schere und die Wärme des nächsten Frühlings nicht wieder sanieren könnten. Zwar sind Pflanzen manchmal erschreckend empfindlich, andererseits können sie auch zu erstaunlicher Vitalität befähigt sein.

Die Rosen haben heuer wieder reichlich Hagebutten angesetzt (5). Unsere Gartenvögel sind nicht so sehr erpicht auf sie, wer schon einmal Hagebuttenmarmelade gemacht hat, weiß warum. Erst wenn im Laufe des Winters die überschüssigen Äpfel (9) ausgehen, die Samenstände abgesucht sind und das Falllaub vom Schnee zugedeckt wird, nehmen sie auch mit den harten Hagebutten vorlieb. Die Insektenfresser schlüpfen auf den Gehölzen herum und finden, im Geäst unter der mit Flechten überzogenen Borke (7) versteckt, noch Fressbares. Eigentlich würde Traudl den Tieren zuliebe ja am liebsten überhaupt nichts wegschneiden – der Garten als unerschöpfliches Gesprächsthema am Frühstückstisch. Nur ist es dann sogar ihr zu viel geworden, sich beim Zwiebelsetzen fürs nächste Jahr ständig zwischen den alten Staudenstängeln durchwinden zu müssen. Also schaffen auch wir ein bisschen Platz (3) – wenn auch um den Erhalt jedes Asts leidenschaftlich debattiert wird.

Im Winter sind wir dann aber beide froh, dass die Staudenbeete noch nicht völlig abgeräumt sind. Vor allem wenn der Schnee wieder abgetaut ist, wirkt der kahle Garten leer und viel größer als während der Vegetationszeit. Nur beim Spalier (8) darf ich mich ungehindert „entfalten", aber die Birnen dürfen noch ungestört dem nächsten Frühling entgegenschlafen. Ich freu mich schon drauf!

(1)

(2)

(3)

(4)

(5)

8 FEBRUARY | Winter

IT HAS SNOWED! We are happy like children. For weeks it looked as if we would have to finish this book without pictures of snow. Longer phases of permanent snow cover are rare in the Vienna region anyway, but normally it does snow at some stage. Nor did it turn cold until very late in the season, but now there is a massive layer of ice on the pond (1, 2). Almost every year, the ice gets thick enough to carry a man. For the animals living in the pond, this is a time of crisis. While the garden plants suffer mainly from the cold, the animals' main problem is oxygen supply. They can reduce their need for oxygen by being less active but there comes a point when even this is not enough. So most springs, to Traudl's great regret, we have to pick up a dead toad from the water. Our consolation comes in the first warm spring days with the erotic mass frenzy of toad mating.

Fortunately, we rarely experience such dramatic losses with the garden plants. The privet (4) in front of the house does look somewhat the worse for wear, and we occasionally lose a few rose shoots to frost (6), but this is nothing that a few applications of the scissors and the warmth of the next spring can't fix. Plants can sometimes be frighteningly sensitive but then again capable of astonishing vitality.

We are happy like children.

This year, the roses have produced plenty of rosehips (5). Our garden birds are not so keen on them. If you have ever made rosehip jam, you know why. Only when in the course of winter the surplus apples (9) run out, the seed stands are all used up and the fallen leaves are covered in snow, will they deign to eat the hard rosehips. The insect-eating animals flit through the trees and find something to eat hidden behind the lichen-covered bark (7). Ideally, Traudl would prefer not to cut back anything just to please the animals – the garden as perennial topic of conversation at the breakfast table. But even she found it too much in the end to have to wind her way between old stems of perennials when planting next year's bulbs. So we make a bit of space (3) – even if there are lively debates about the preservation of each branch. In winter, we both enjoy the sight of the unfinished clearance of the borders. Especially when the snow has thawed again, the bare garden looks empty and much bigger than during the vegetation period. The espalier (8) is the only place where I may 'do my worst', but for now I let the pears slumber undisturbed towards the new spring. I am looking forward to it!

(6)

(7)

(8)

(9)

Mein Garten | My garden

Winter | 8. FEBRUAR

Der Einstieg in den Schwimmteich ragt aus der verschneiten Eisdecke.
Bis wir ihn das nächste Mal benutzen, werden noch Monate vergehen.
The posts of the steps into the swimming pond stick out from the snow-covered ice.
It will take months before we use them again.

Uferröhricht | *Reed bed*

*Wie eine Grafik gibt das Bild das Wesen des Gartens wieder.
Spontaneität und Zufall, Kultur und Natur in einem.*
*Like a print, this photograph captures the essence of the garden.
Spontaneity and coincidence, culture and nature in one.*

Unteres Staudenbeet | *Lower perennial border*

Buchsbaum | Box | *Buxus sempervirens*

Bayernkiwi, auch Japanische Honigbeere | *Hardy kiwi* | *Actinia arguta*

Winter | 8. FEBRUAR

Ich verweigere mich der Unsitte, den Garten zu Allerheiligen abzuräumen.
Was stehen bleibt, bringt natürliches Futter für die Vögel und Struktur fürs Auge.
I refuse to join in the bad custom of clearing the garden by All Saints Day.
What we leave standing provides food for the birds and structure for the eye.

Blutweiderich | *Purple loosestrife* | **Lythrum salicaria**

Viele Nährstoffe entziehen wir dem Teich durch Schilfschnitt im Sommer.
Was übrig bleibt, reicht nur mehr für locker stehende, dünne Triebe.
We reduce the nutrients in the pond drastically by cutting the reeds in summer.
What is left only supports thin stands.

Schilf | Reed | Phragmites communis

Eine Passantin kommentierte meinen Garten von außerhalb. Das sei ja kein Garten, sondern ein „Zustand".
Nein, gute Frau: Das Strauch-Fingerkraut vorne ist gestutzt, der Rosenturm arrangiert.

A passer by commented on my garden from the road. 'Call that a garden? It's a wilderness!'
No, my good woman: the shrubby cinquefoil in the front has been pruned, the rose tower carefully arranged.

EXKURS | EXCURSUS 10

NACHT IM GARTEN

ABENDS ENTFALTET DER GARTEN EINEN GANZ EIGENEN REIZ. Ich liebe es, an lauen Sommerabenden auf der Terrasse zu sitzen und – begleitet von Chopin-Nocturnes – zuzuschauen, wie sich die Dämmerung über den Garten senkt. Ganz langsam verblassen die bunten Farben, und die weißen und hellgelben Blüten heben sich immer deutlicher von der herannahenden Dunkelheit ab.

Es ist kein Zufall, dass viele weiße Blüten, die tagsüber in der bunten Pracht gar nicht besonders auffallen, erst am Abend so richtig zur Geltung kommen. Oft entfalten sie dann noch einen Duft, der sich in der Nacht verstärkt. Viele, wie zum Beispiel Phlox, Nachtkerzen oder Dufttabak, sind sogenannte „Schwärmerblumen", die von speziellen Nachtschmetterlingen, eben den Schwärmern, bestäubt werden. Bei den Blütenformen gibt es besondere Anpassungen an die langen Saugrüssel dieser Bestäuber. Einerseits sind das lange Kronröhren wie bei den Nachtkerzen, andererseits fehlen Landeplätze, und die Staubgefäße hängen frei wie etwa bei den Türkenbundlilien. Das ermöglicht ungestörten Anflug. Einer der ganz wenigen tagaktiven Schwärmer ist das allgemein bekannte Taubenschwänzchen, das wie ein kleiner Kolibri um die Petunien oder Wandelröschen schwirrt und mit seinem langen Rüssel den Nektar aus den Blüten saugt. Die meisten Schwärmer sind aber nachts unterwegs. Viele davon sind bedeutend größer als das Taubenschwänzchen und werden darum sogar immer wieder mit Fledermäusen verwechselt. Manche sind Wanderfalter, die regelmäßig riesige Strecken zurücklegen. Sie können nicht nur weit, sondern auch enorm schnell fliegen, der Windenschwärmer schafft bis zu 100 Stundenkilometer. Am ehesten machen sie abends durch das brummende Geräusch ihrer raschen Flügelschläge auf sich aufmerksam. Tagsüber klappen sie ihre tarnfarbenen Flügel zusammen und verschmelzen optisch vollkommen mit ihrer Unterlage. Eine Anpassung an ihr nächtliches Leben sind ihre großen Facettenaugen, die aus tausenden Einzelaugen zusammengesetzt und zusätzlich noch mit einer extra lichtreflektierenden Schicht ausgestattet sind. Das ermöglicht den Faltern gutes Sehen auch noch bei Dunkelheit und sorgt ganz nebenbei für einen spektakulären Effekt, indem die Augen nachts im Licht einer Taschenlampe regelrecht aufleuchten, ganz ähnlich wie Katzenaugen.

Die stattlichen Nachtfalter wären eine begehrte Beute für Fledermäuse. Schattenhaft jagen sie über dem Teich nach Insekten. Sie bleiben immer nur eine halbe Stunde, dann wird ihnen die Ausbeute zu spärlich und sie ziehen weiter. Am nächsten Abend kommen sie wieder, man könnte fast die Uhr nach ihnen stellen. Pünktlich zur Dämmerung werden auch die Weinhähnchen hörbar. Sie gehören zu den Grillen, und kaum ein Laie hat sie je gesehen. Ihr charakteristisch monotones, aber doch wohltönendes Zirpen ist bei uns die typische Sommerabendmelodie. Im Pannonikum kann man die Jahreszeiten hören: Vogelgezwitscher im Frühjahr, Weinhähnchen im Spätsommer, Saatkrähen im Winter.

Excursus 10 | A 21ˢᵗ Century Garden

NIGHT IN THE GARDEN

IN THE EVENING, THE GARDEN HOLDS OUT A VERY SPECIAL APPEAL. I love to sit on the patio on a warm summer's night and, with Chopin's nocturnes in the background, watch the dusk settle on the garden. Very slowly, the colours fade and the white and pale yellow flowers stand out ever more clearly in the approaching darkness.

It is no coincidence that many white flowers, which hardly catch your eye during the day amongst the colourful display, only come into their own in the evening. Moreover, they often develop a scent that intensifies during the night. Many, such as phlox, evening primrose or woodland tobacco, are so-called 'spingid flowers' that are pollinated by specific night-time butterflies, i.e. spingid moths. The flowers are especially adapted to the long proboscis of these pollinators. They may have long tubes, like the evening primrose, or lack landing pads and let the stamen hang freely for unhindered approach, like the Turkscap lily. One of the very few diurnal moths is the widely known hummingbird hawk-moth. It hovers around the petunias and the lantana like a tiny hummingbird and sucks nectar from the flowers with its long proboscis. But most spingid moths are active at night. Many of them are much bigger than the hummingbird hawk-moth and have even been repeatedly mistaken for bats. Some of them are migrating moths and regularly cover enormous distances. Not only can they fly far, they are also very fast: the convolvulus hawk-moth reaches nearly 100 km/h. In the evening, you notice them mainly by the droning sound of their rapid wing movements. During the day, they fold up their inconspicuously coloured wings and melt completely into their background. In an adaptation to their nocturnal lifestyle, they sport large facetted eyes made up of thousands of individual eyes and equipped with an extra light-reflecting coat. These allow the moths to see well even in the dark and make for a spectacular effect. In the light of a flashlight, the eyes light up rather like cats' eyes.

The larger night moths would be a welcome prey for the bats. Like shadows, they chase across the pond for insects. They only stay for half an hour, then the pickings become too meagre and they move on. On the next evening, they come again, you could almost put your watch by them. Precisely at dusk, you can also hear the tree crickets. Hardly any non-expert has ever seen them, but their characteristic monotone yet pleasant stridulation is a typical summer evening melody in our garden. In the Pannonian region, you can hear the seasons: bird song in spring, tree crickets in late summer, rooks in winter.

Mein Garten | My garden

Knöterich | *Knotweed* | *Persicaria polymorpha*

Punktierte Glockenblume | *Spotted bellflower* | *Campanula punctata*

Lilie 'Golden Splendour' | *Lily* 'Golden Splendour' | *Lilium* 'Golden Splendour'

Strauchrose 'Egon Schiele' | *Garden rose* 'Egon Schiele' | *Rosa* 'Egon Schiele'

Sonnenblume | Sunflower | Helianthus annuus

Chinaschilf | *Chinese silver grass* | *Miscanthus sinensis*

Herbst-Eisenhut | *Monkshood* | *Aconitum charmichaelii*

Kletterrosen 'Golden Gate' *und* 'Strombergzauber' | *Climbing roses* 'Golden Gate' *and* 'Strombergzauber' | *Rosa* 'Golden Gate', 'Strombergzauber'

Mexikanische Sonnenblume auch Tithonie | *Mexican sunflower* | *Tithonia rotundifolia*

Herbstanemone Gartensorte | *Autumn anemone* cultivar | *Anemone* cultivar

Mexikanische Sonnenblume, auch Tithonie | *Mexican sunflower* | *Tithonia rotundifolia*

Sonnenhut | *Black-eyed Susan, rudbeckia* | *Rudbeckia nitida*

Zinnie Gartensorte | *Zinnia* cultivar | *Zinnia* cultivar

Apfel | *Apple tree* | *Malus domestica*

Blutweiderich | *Purple loosestrife* | *Lythrum salicaria*

Borretsch | *Borage* | *Borago officinalis*

Mondaufgang über dem Garten des 21. Jahrhunderts | *Moonrise over the 21ˢᵗ Century Garden*

Impressum | Credits

Idee und Konzept idea and concept | Georg Grabherr, Lois Lammerhuber

Texte texts | Traudl und Georg Grabherr
Lektorat proof-reading | Sandra Wilfinger-Bak
Übersetzung translation | Brigitte Scott

Fotografie photography | Lois Lammerhuber
Projektkoordination project coordination | Johanna Reithmayer

Art director | Lois Lammerhuber
Grafische Gestaltung graphic design | Martin Ackerl
Schriften fonts | Formata, Futura BT, ITC Garamond,
Digital post production | Birgit Hofbauer

Druck, bindung print, binding | Gorenjski tisk storitve, Kranj, Slowenien
Papier paper | GardaPat 11 170 g/m²; Munken 150 g/m²

Managing Director EDITION LAMMERHUBER | Silvia Lammerhuber
EDITION LAMMERHUBER | Dumbagasse 9, A-2500 Baden
edition.lammerhuber.at

GEORG GRABHERR und LOIS LAMMERHUBER
BEDANKEN SICH GANZ HERZLICH BEI WISH TO EXTEND THEIR WARMEST THANKS TO
Frau Veronika Schubert, die auf brillante Weise den Inhalt dieses Buches für den Text auf dem Umschlag
und für die Bewerbung des Buches zusammengefasst hat – und bei Manfred A. Fischer für die nomenklatorische Beratung.
Ms Veronika Schubert, who distilled the content of this book brilliantly into the cover text
and into promotional material for this book and to Manfred A. Fischer for advice on botanical nomenclature.

EDITION LAMMERHUBER

Zweite Auflage second edition
Copyright 2015 by EDITION LAMMERHUBER | ISBN 978-3-901753-67-1

Alle Rechte, auch die des auszugsweisen Abdrucks oder der Reproduktion einer Abbildung, sind vorbehalten. Das Werk, einschließlich
all seiner Teile, ist urheberrechtlich geschützt. Jede Verwertung ohne Zustimmung des Verlages und der Autoren ist unzulässig.
All rights reserved. This work and any images therein may not be reproduced in whole or in part.
Any exploitation is only permitted with the publisher's and authors' written consent.